MW01630353

S.O.S.

Il est temps d'avoir peur pour ce prédateur.

SAVE OUR SHARKS!

It is time to be afraid for this predator.

Auteur - Author

Xavier Casile

Illustrations

9 diplômés de l'ESBDI (École supérieure de bande dessinée et d'illustration de Genève) et Cédric Marendaz

Encore un livre sur les requins ?

Souvent considérés comme des monstres marins, ces espèces majestueuses et énigmatiques sont en réalité des gardiens essentiels de notre environnement marin. Dotés de facultés d'adaptation hors norme, présents dans quasi tous les océans depuis plus de 400 millions d'années, les requins jouent un rôle fondamental dans l'écosystème marin et participent à la stabilité de nos océans.

Comptant plus de 500 espèces différentes, souvent au sommet de la chaine alimentaire, ils contribuent à l'équilibre des espèces et au dynamisme de la vie sous-marine. Là où il y a des requins, la vie foisonne ! Malheureusement, ce rôle est menacé par la surpêche, le changement climatique, la perte d'habitat ou encore la pollution. Près de 100 millions de requins seraient tués chaque année uniquement à cause de la pêche.

Globalement, les populations de requins ont décliné de 70% depuis les années 1970. Le déclin continu de ces populations pourrait avoir des effets dévastateurs et imprévisibles sur tout l'écosystème marin, mais aussi sur notre propre approvisionnement alimentaire en poisson. Savez-vous qu'environ trois milliards de personnes dépendent du poisson comme principale source de protéines ? Savez-vous qu'entre 50 et 80% de l'oxygène est produit dans les océans par des organismes tels que le plancton ? Tout est intrinsèquement lié et notre survie dépend de celles des océans dans lesquels les requins jouent un rôle crucial.

Co-produit par la Fondation Save Our Seas, ce livre a pour vocation de mieux faire connaître les requins au plus grand nombre de manière ludique et accessible. Car mieux connaitre, c'est respecter et ainsi protéger !

Yet another book about sharks?

Often referred to as marine monsters, these majestic and enigmatic species are in fact essential to the wellbeing of our marine environment. Highly adaptable and present in almost all the oceans for more than 400 million years, sharks play a fundamental role in the marine ecosystem and contribute to the stability of our oceans.

More than 500 different species of shark, often near at the top of the food chain, largely contribute to the balance of species and the general dynamics of underwater life. Where there are sharks, life abounds! Unfortunately, their role is now threatened by overfishing, climate change, habitat loss and pollution. As many as 100 million sharks are reportedly killed each year due to fishing practices alone.

Since the 1970s, shark populations have declined globally by 70%. A continuous decline could have devastating and unpredictable effects on the entire marine ecosystem, but also on our own food supply. Did you know that approximately three billion people depend on fish as their primary source of protein? Or that 50-80% of the world oxygen is produced in the oceans by organisms like plankton? Everything is naturally linked! Our survival depends on that of the oceans, in which sharks play a crucial role.

Co-produced by the Save Our Seas Foundation, this book aims to improve your knowledge of sharks in a fun and accessible way. With understanding comes respect and protection.

Ensemble, nous pouvons et nous ferons la différence.

C'est la devise de la Fondation Save Our Seas (SOSF) qui a établi son siège à Genève il y a plus de 18 ans, le 23 Septembre 2003. Son objectif ? Protéger les espèces de requins et de raies menacées à travers le monde par le biais de financement de projets scientifiques et éducatifs, sélectionnés avec soin.

On doit cette initiative philanthropique à un plongeur passionné, son Excellence Abdulmohsen Abdulmalik Al-Sheik, qui durant près de 30 ans, fut le témoin de la dégradation des écosystèmes marins, mais aussi des menaces croissantes pesant sur les requins et les raies. Le créateur de la Fondation Save Our Seas souhaite ainsi agir pour léguer aux générations futures des océans sains, bouillonnants de vie, dans lesquels les requins peuvent jouer leur rôle essentiel de régulateur de la chaîne alimentaire.

Basée en Suisse, la Fondation n'en a pas moins soutenu plus de 425 projets à travers le monde dans plus de 85 pays depuis sa création. Sélectionnés par un comité scientifique pointu grâce à un système de bourses, les projets ont pour ambition de mieux connaître les espèces menacées, d'aider l'homme à mieux cohabiter avec celles-ci, d'identifier les menaces ainsi que les solutions à mettre en place, mais aussi d'informer les acteurs économiques, les décideurs politiques et le public. En outre, la Fondation mène des programmes de recherches et d'éducation sur le terrain depuis ses trois centres situés en Afrique du Sud, en Floride aux États-Unis et aux Seychelles.

Together, we can and will make a difference.

The Save Our Seas Foundation (SOSF), established in Geneva since 23 September 2003, aims to protect endangered shark and ray species around the world by funding carefully selected scientific and educational projects.

This philanthropic initiative is the work of an avid diver, His Excellency Abdulmohsen Abdulmalik Al-Sheik, who, for nearly 30 years, witnessed the degradation of marine ecosystems and increasing threats to predators such as sharks and rays. As founder of the Save Our Seas Foundation, he chose to act for future generations, to bequeath healthy oceans teeming with life, where sharks continue to play an essential role in regulating the food chain.

Since its creation, the Swiss-based foundation has sponsored more than 425 projects worldwide in more than 85 countries. Selected by a scientific committee through a grant system, these programmes aim to improve our knowledge of endangered species, to help mankind coexist with such species, to identify existing threats and possible solutions and, last but not least, to raise awareness amongst stakeholders, political decision-makers and the general public. In addition, the foundation conducts field research and educational programmes from its three different centres located in South Africa, the United States (Florida) and Seychelles.

AILERONS. À vous couper l'appétit.
BRANCHIES. Inspirez ! Expirez !
CAMOUFLAGE. Le requin-ange n'est pas un diable.
DENTS. La machine à broyer.
ÉLECTRICITÉ. Watt did you say ?
FOSSILES. Le Mégalodon, un ancêtre de taille.
GRAND BLANC. Le roi du grand bleu.
HOMME. L'ennemi public numéro 1.
ISLANDE. Le hákarl, une viande bien salée.
JAWS. Un succès mordant.
KIEL RICHARD. Top 1 James Bond villain.
LUMIÈRE. Plein phare sur des découvertes.
MANTA. La déesse des mers.
NAVIGATION. Loin de perdre la boussole.
OCÉANS. Eau secours !
PROTECTION. Il existe un paradis sous mer.
QUEENSLAND. Faire barrière au réchauffement.
REPRODUCTION. Il a l'embarras du choix.
SENS. La preuve par six.
TOURISME. Ça peut rapporter gros. Très gros.
UTILE. Là pour réguler. Pas pour rigoler.
VITESSE. Aussi rapide qu'une torpille.
WESTERN CAPE. Il est temps de passer un cap.
XXL. Le requin-baleine en fait des tonnes.
YEUX. For your eyes only.
ZÉRO. La faute à pas de chance.

FINS. Something to ruin your appetite.
GILLS. Inhale! Exhale!
CAMOUFLAGE. The angel shark, a friendly devil.
TEETH. Grown to grind.
ELECTRICITY. Watt did you say?
FOSSILS. The Megalodon, a true giant.
THE GREAT WHITE. King of the deep blue sea.
MEN. Public enemy number 1.
ICELAND. Hákarl, seriously salty meat.
JAWS. A bite of success.
KIEL RICHARD. The N°1 James Bond villain.
NEW DISCOVERIES. And then there was light!
MANTA RAY. Goddess of the sea.
NAVIGATION. A magnetic compass.
OCEANS. A rescue wave!
PROTECTION. Paradise under the sea.
QUEENSLAND. A barrier against climate change.
REPRODUCTION. Spoilt for choice.
SENSES. A mix of six.
TOURISM. A potentially sustainable business.
USEFUL. An important protective role.
SPEED. As fast as a torpedo.
WESTERN CAPE. A turning point.
XXL. The whale shark. The big one.
SIGHT. For your eyes only.
ZERO. A case of bad luck.

AILERONS

In May 2020, Hong Kong customs officers seized 26 tonnes of shark fins taken from some 38,500 animals, including two protected species: the thresher shark and the silky shark. The dorsal fin, which often inspires fear, is the shark's weakest point. Despite the lack of flavour, shark fins are highly prized and sought-after delicacies, appreciated for their particular texture and eaten as soup, steamed dim sum or dried meat. They are sold for a fortune and found at markets all over the world: in Asia, in coastal cities of North and South America, and in Europe. The problem is global! Every year, an estimated 100 million sharks are killed for their meat and fins in a cruel and inhumane manner. The practice known as "shark finning" generates considerable waste. Caught alive, the fins are removed and the amputated shark thrown back into the sea. But why? According to traditional medicine, shark fins boast many healing virtues!

En mai 2020, la douane de Hong Kong a saisi 26 tonnes d'ailerons de requins en provenance… de l'équateur. Ils ont été prélevés sur environ 38 500 animaux issus de deux espèces protégées comme le requin-renard et le requin soyeux. Tous ces ailerons de 4 à 40 cm pour de la soupe… L'aileron dorsal qui peut inspirer une peur viscérale est aussi le point faible du requin. Même s'il n'a pas de goût particulier, il est apprécié pour sa texture. Les ailerons et les nageoires sont des mets recherchés ; consommés en soupe, en dims sums vapeur ou en viande séchée, ils sont vendus une fortune. On en retrouve sur les marchés du monde entier, en Asie, dans les villes côtières d'Amérique du Nord et du Sud, et en Europe où la chair de requin est aussi très appréciée… Le problème est donc global. Chaque année, on estime que plus de 100 millions de requins sont ainsi exterminés pour leur viande et leurs ailerons. Et la manière de faire est inhumaine. Une fois pêché, toujours vivant, l'ensemble des ailerons est découpé et le requin ainsi amputé est rejeté à la mer. Appelée le « shark finning », cette pratique engendre un gaspillage considérable. Tout ça pour ça, quand on sait que la médecine traditionnelle semble accorder aux ailerons de nombreuses vertus thérapeutiques…

BRANCHIES

Définition : les branchies sont les organes respiratoires internes ou externes permettant aux poissons en général, et aux requins en particulier, de respirer en extrayant l'oxygène de l'eau. Les branchies sont comme des ouvertures, placées juste avant les nageoires pectorales. La plupart des requins possèdent cinq fentes branchiales de chaque côté. Ce sont en fait des arcs de cartilage qui communiquent avec la bouche. Pour que le requin respire, l'eau doit rentrer par la bouche et ressortir par les branchies, où l'oxygène est prélevé. Si les espèces de requins vivant posées au fond de l'eau peuvent aspirer l'eau sans bouger, les requins de haute mer doivent nager en permanence afin d'aspirer de l'eau et récupérer ainsi l'oxygène. Ces squales peuvent ainsi mourir s'ils s'arrêtent de nager. Certaines espèces, comme le requin-citron, peuvent alterner nage et aspiration d'eau. Beaucoup de requins ont une autre option pour respirer : l'utilisation du spiracle, un trou situé derrière les yeux qui pompe l'eau. Cela permet d'envoyer directement du sang oxygéné au cerveau et aux yeux. La respiration est plus facile et plus efficace si le requin nage à contre-courant. Mais vous l'aurez compris : pour la plupart des requins, s'ils arrêtent de nager, c'est l'asphyxie assurée. Voilà pourquoi lorsqu'un requin est pris dans un filet, s'il n'est pas immédiatement rejeté à l'eau, il meurt automatiquement asphyxié…

Definition: Gills are the internal or external respiratory organs that enable fish in general, and sharks in particular, to breathe by extracting oxygen from the water. Gills are opening slits located just in front of the pectoral fins. Most sharks have five on each side. These gills are in fact arches of cartilage linked to the mouth. In order for a shark to breathe, water must enter through its mouth and exit through its gills, where oxygen is retrieved. Breathing is easier and more effective when sharks swim against the current. While some species of shark living on the seabed can pump water without moving, others (sharks in the open ocean for example) must swim constantly to keep water moving over their gills. If they stop swimming, they suffocate! Certain species, such as the lemon shark, can alternate between swimming and pumping water. However, many sharks boast an alternative respiratory option: the use of the spiracle – a hole located behind the eyes that pumps water, sending oxygenated blood directly to the brain. When caught in a net, sharks die if not immediately released back into the water!

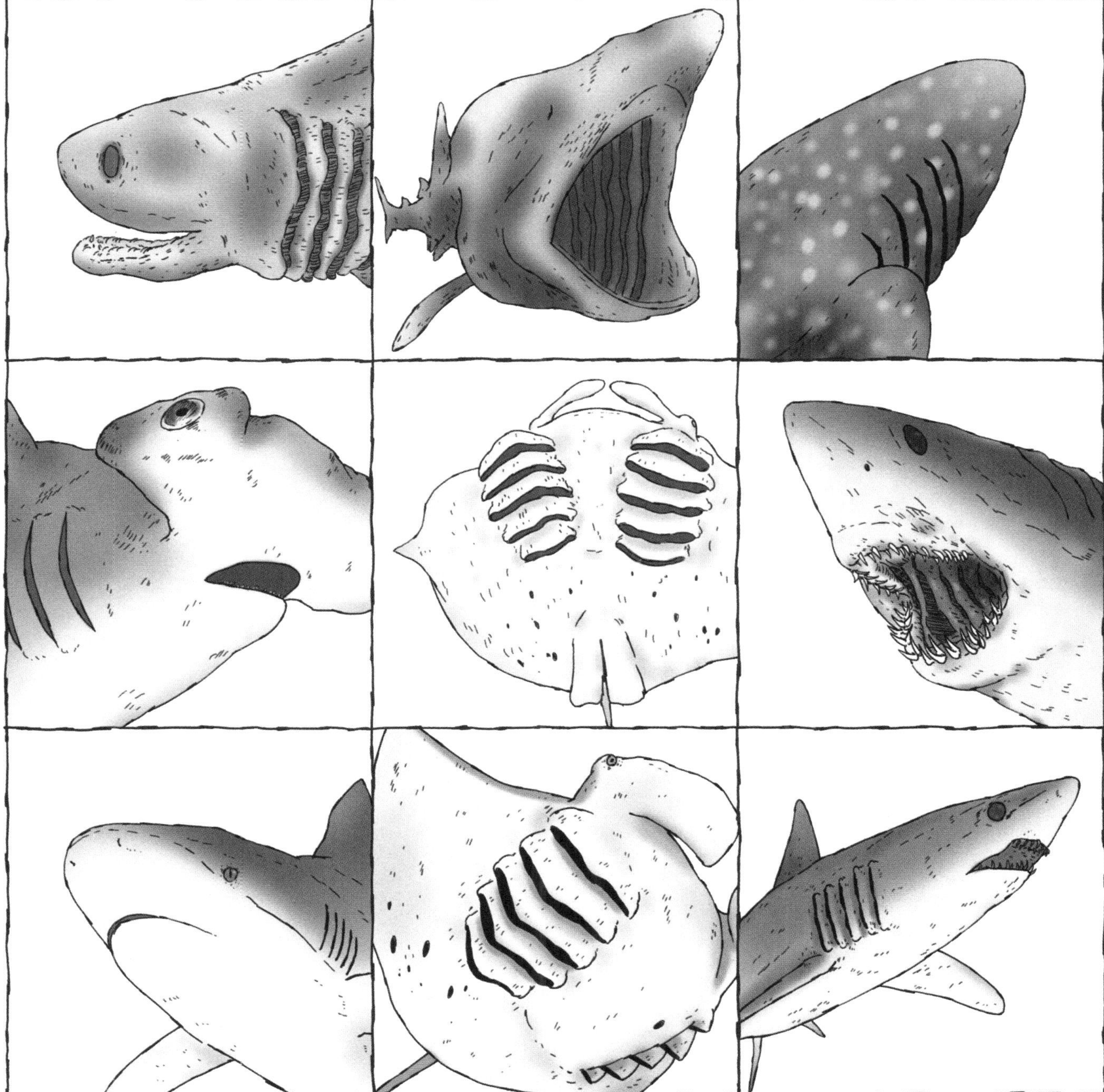

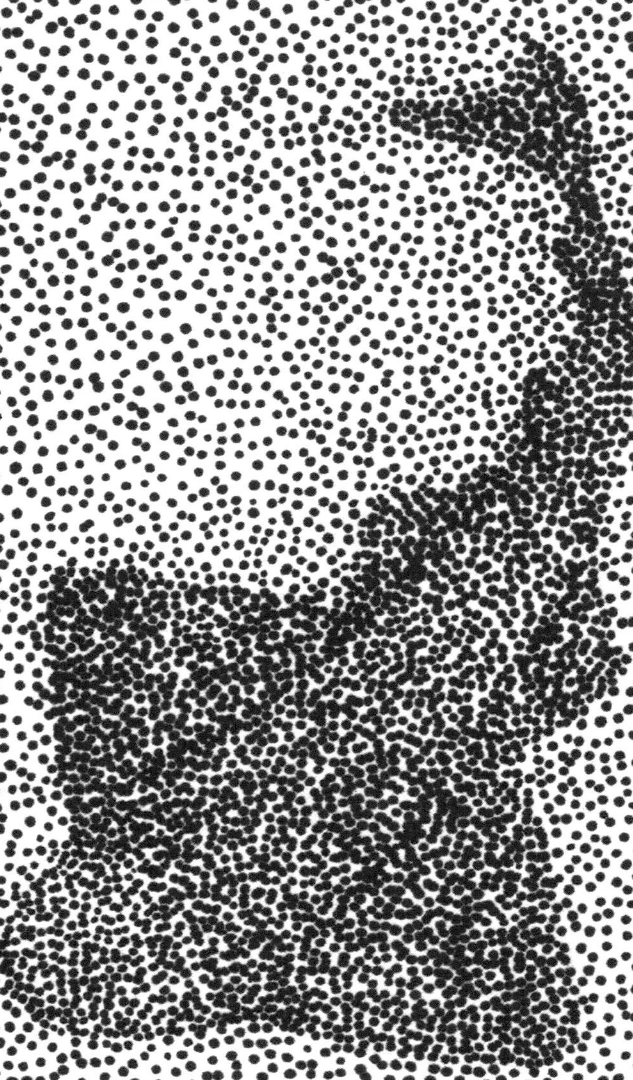

CAMOUFLAGE

From the same group, the angel shark and the skate look very much alike! Otherwise known as the "sea angel", this particular species of shark, recognisable by its wide flat body, boasts large flat pectoral fins (like angel wings), two small dorsal fins, a long tail with two dorsal fins and a caudal fin. Grey, speckled brown skin and a white underside make the angel shark an expert in the art of camouflage. Its colour is similar to that of the sandy seabed where it burrows – using its fins to become practically undetectable by prey, other predators and divers – often spending an entire day hidden in the sand and hunting only at night. *Squatina squatina* in Latin, the angel shark belongs to the *squatinidae* family (a total of 22 species). It boasts a large mouth dotted with small teeth and feeds on shellfish and smaller fish, although it may bite those who dare to bother it! Measuring between 1.5 and 1.8 metres in length, this species of shark can weigh up to 80 kilograms. Considered an endangered species, the angel shark is mainly found close to the coastline where the seabed is shallow and sandy. However, it is not uncommon to observe this species in deep waters, up to 100 metres in depth. It is believed that the name of this particular shark was given to the famous "Baie des anges" in Nice, by local French fishermen who frequently caught angel sharks in their nets! How very Nice!

Si vous ne savez pas que le requin est le cousin germain de la raie, sachez que le requin-ange a la particularité de lui ressembler comme deux gouttes d'eau ! Aussi appelé « anges des mers », ce squale est reconnaissable à son corps aplati et large. Il possède de larges nageoires pectorales plates (comme des ailes d'ange), deux petites nageoires dorsales au milieu du corps, une longue queue dotée de deux nageoires dorsales et une nageoire caudale. Avec sa peau grise mouchetée de brun saumoné (blanche sous le corps), ce requin est un expert dans l'art du camouflage, car sa couleur ressemble à s'y méprendre au fond sablonneux. Il est capable de s'y enfouir grâce à ses nageoires, ce qui lui permet d'être pratiquement indécelable par ses proies, ses prédateurs et les plongeurs ! Le requin-ange peut rester une journée entière camouflé sous le sable et chasser la nuit. Son nom vient du latin *squatina squatina* et il appartient à la famille des squatinidés (22 espèces). Doté d'une large bouche parsemée de petites dents, il se nourrit de mollusques, de crustacés et de petits poissons mais peut aussi mordre ceux qui le dérange ! Le requin-ange mesure entre 1,50 et 1,80 m de long et pèse 80 kg. Aujourd'hui en danger critique, on le rencontre principalement près des côtes, sur les fonds sablonneux de faible profondeur mais il n'est pas rare de l'apercevoir à 100 m de fond. Il se dit que les pêcheurs niçois auraient donné son nom à la célèbre « Baie des anges », en rapport aux nombreux anges de mer ramenés dans leurs filets ! So Nice !

DENTS

Saviez-vous que nous possédons des cellules épithéliales qui ne sont activées que deux fois dans notre vie ? Au premier âge, lors de l'apparition des dents, et pendant l'enfance, lorsque qu'elles sont remplacées par les dents définitives. Et bien pour le requin, une étude publiée dans la revue scientifique *Developmental Biology* en 2016, a permis d'identifier « un réseau de gènes grâce auxquels les requins développent des dents tout au long de leur vie, ainsi que le rôle d'un certain type de cellules (cellules épithéliales) situées dans leurs gencives : c'est l'effet « tapis roulant ». Il s'agit de quatre gènes (Hh, Wnt / ß-caténine, Bmp et FGF), qui existent chez ces animaux depuis 450 millions d'années… ». Les dents des requins sont des armes redoutables qui se renouvellent dès qu'elles tombent ! Ces prédateurs disposent d'une rangée de dents extérieure qui est fonctionnelle. Ils possèdent également d'autres rangées de dents sur le rebord interne de leur mâchoire. Celles-ci viennent remplacer chaque dent tombée. Comme les mâchoires des requins sont formées par du cartilage, ceci leur permet une grande ouverture de la cavité buccale. Les dents des requins sont très différentes selon les espèces, de par leur taille (de quelques millimètres à 5 cm) et leur forme ; elles peuvent être en forme de scie, très pointues, parfaites pour découper la viande, ou plus aplaties, pour permettre de retenir leurs proies. Quelques chiffres qui feront rêver les dentistes : le requin-zèbre a 36 dents en haut et 42 en bas sur 13 rangées pour un total de 1014 dents…

Humans possess epithelial cells that are activated to become teeth during the initial teething process and also later on in childhood, when milk teeth are replaced by permanent teeth. However, a study published in 2016, in the scientific journal *Developmental Biology*, identified "a network of genes that enable sharks to grow new teeth throughout their life. A certain type of epithelial cell, located in their gums, allows sharks to regenerate rows of teeth in a continuous conveyor belt-like manner. Four tooth-making genes found in sharks (Hh, Wnt/ ß-catenin, Bmp and FGF) are conserved through 450 million years of evolution…". An extraordinary asset, sharks' teeth naturally regenerate as and when they fall out! Sharks possess a functional outer row of teeth and several other rows located on the inner edge of the jaw, used to systematically replace every lost tooth, a bit like a conveyor belt. Their jaws, formed of cartilage, enable a wide opening of the mouth cavity. Depending on the species of shark, their teeth are very different in size, ranging from a few millimetres to five centimetres. Their shape also varies: saw-shaped, extremely sharp and perfect for cutting meat, or slightly flatter to easily retain prey. The zebra shark, for example, boasts 36 top teeth and 42 bottom teeth set in 13 rows, for a grand total of 1014 teeth. Every dentist's dream!

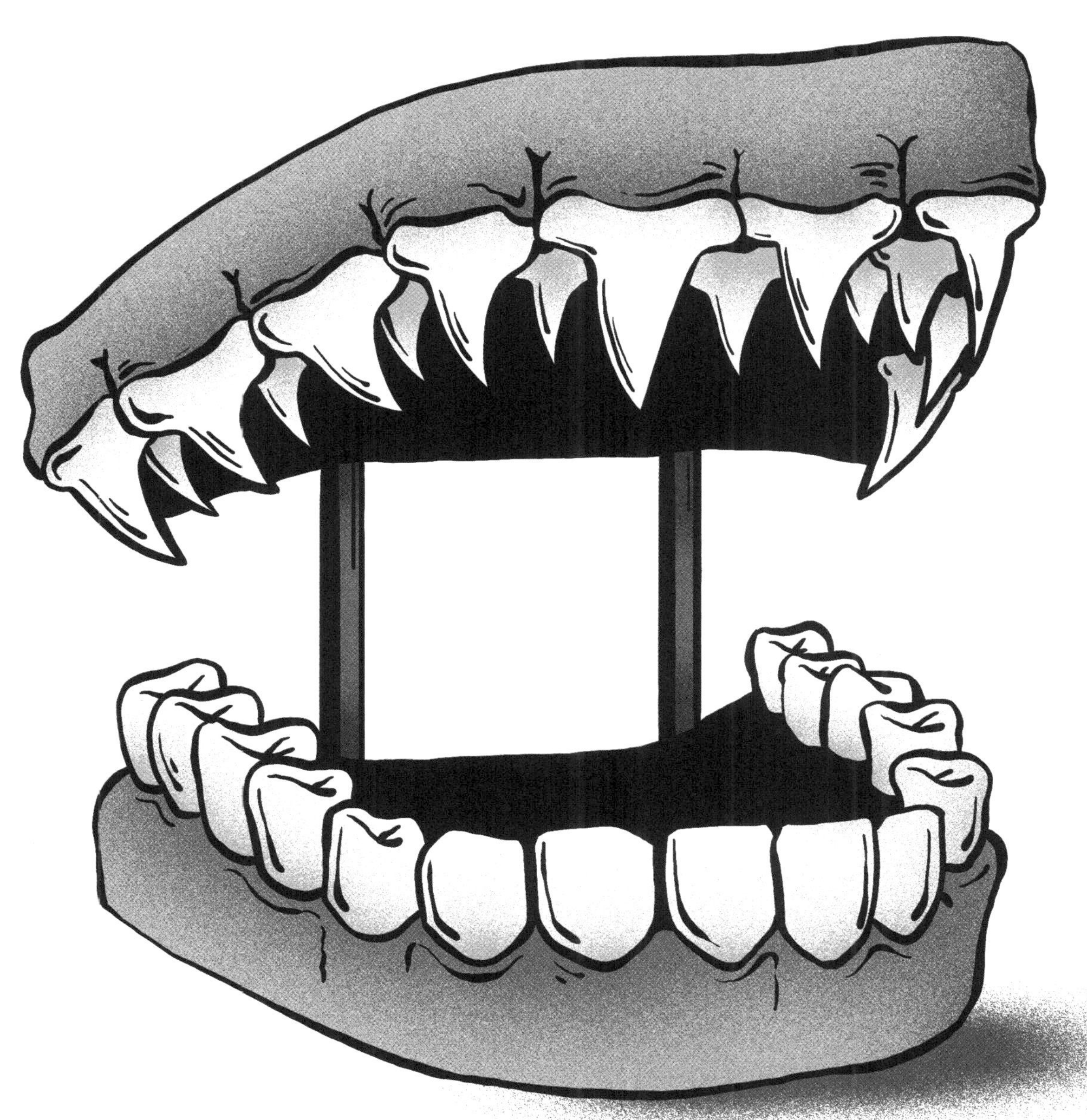

ÉLECTRICITÉ

Watt did you say?

An electrogenic species, the electric eel can produce enough of its own electricity to electrocute a small caiman! Animals have two ways of using electricity: electrogenesis (generating electrical impulses), like the eel mentioned, and electroperception (the detection of electrical impulses), like… the shark. Being an electroperceptor, the shark can locate its prey using its *ampullae of Lorenzini*, sensory organs located around its head. The discovery of electroperception dates back to 1678, when Italian anatomist Stefano Lorenzini described "pores that dot the front of the heads of sharks and rays. Each opening leads to a long transparent tube filled with crystalline gel. Deeply buried inside the head the tubes come together in several large masses of clear jelly." But what are they used for? At the end of the 19th century, researchers discovered that these pores, and the tubular structures that extend them (*ampullae of Lorenzini*), constitute a sort of sensory organ connected to the brain and the spinal cord. Sharks and rays use electroperception to detect minor electrical fields that other living organisms generate, allowing them to find their prey when they can't be seen – under the sand for example. More recent experiments have revealed that sharks are sensitive to five billionths of a volt per centimetre, the equivalent of an electric field produced by a 1.5-volt battery with one pole immersed in Marseille and the other in Algiers! Watt news!

Watt did you say?

En Amazonie, une anguille électrique est capable d'utiliser le courant électrique pour électrocuter un caïman de petite taille ! En fait, c'est un animal électrogène… qui produit sa propre électricité ! Les animaux ont deux manières d'utiliser l'électricité : l'électrogenèse (génération d'impulsions électriques) comme notre anguille, et l'électroperception (détection d'impulsions électriques) comme… le requin. Le requin est électropercepteur, c'est-à-dire qu'il repère ses proies grâce à ses ampoules de Lorenzini, des organes sensoriels situés autour de sa tête. La découverte de l'électroperception remonte à 1678, lorsque l'anatomiste italien Stefano Lorenzini décrit « des pores qui parsèment l'avant de la tête des requins et des raies. ». Il note que chaque ouverture conduit à un long tube transparent rempli de gel cristallin. Profondément enfouis à l'intérieur de la tête, les tubes se réunissent en plusieurs grandes masses de gelée claire. À la fin du XIXe siècle, grâce au microscope, on se rend compte que ces pores et les structures tubulaires qui les prolongent (désormais nommées ampoules de Lorenzini) constituent une sorte d'organe sensoriel relié au cerveau et à la moëlle épinière. Ainsi, des mesures récentes ont révélé que les requins sont sensibles à 5 milliardièmes de volt par centimètre. C'est l'intensité d'un champ électrique que produirait une pile de 1,5 volt dont l'un des pôles serait immergé à Marseille et l'autre à Alger ! C'est ainsi que les requins et les raies utilisent l'électroperception pour détecter les minuscules champs électriques produits par les organismes vivants et trouver leurs proies qui ne sont pas forcément visibles. Watt news !

FOSSILES

Oubliez les King Kong, Godzilla ou Tyrannosaure de la saga Jurassic Park ! Toutes ces starlettes de cinéma ne sont que des figurantes face à la star toute catégorie : le Mégalodon… L'*Otodus megalodon* est un requin préhistorique qui vivait dans les océans entre 23 et 3 millions d'années. Les fossiles trouvés par les chercheurs suggèrent que la taille moyenne de ce géant se situait autour des 16 à 18 m. Un véritable colosse, comparé au grand requin blanc qui ne dépasse pas les 6 m. Si un squelette de tyrannosaure est « facile à trouver » - pour une raison très simple puisqu'il est constitué d'os - on ne trouve pas de squelette de Mégalodon, car comme le requin « moderne », il est principalement constitué de cartilages. Et après leur mort, le cartilage se désagrège. Par contre on retrouve leurs dents et c'est à partir d'elles que l'on peut recréer les mâchoires telle qu'elles devaient être à l'époque. Les fossiles sont généralement préservés dans un amas d'écailles et de dents. Le Mégalodon est l'un des plus grands prédateurs vertébrés de tous les temps (grand amateur de baleine) avec des mâchoires dotées de 250 dents (18 cm pour les plus grandes), une gueule de 2 m de diamètre, un poids de 100 T, 18 m de long, des branchies d'1.4 m et un aileron de 1.60 m ! Autre exemple de requin fossile connu, le *Gladbachus adentatus* qui daterait du dévonien (440-416 millions d'années). Ou encore, le Hélicoprion qui peuplait les océans il y a 270 millions d'années (seulement 10 m). Si son aspect était proche des requins actuels, il avait une mâchoire inférieure dotée d'une spirale dentaire comme une sorte de scie circulaire !

King Kong, Godzilla or the *Tyrannosaurus rex* from the Jurassic Park saga, are minor starlets in the face of a true star: the *Otodus megalodon*, a prehistoric shark that lived in the oceans between 23 and 3 million years ago. Fossils found by researchers suggest that the average length of this giant was approximately 16 to 18 metres. Quite a colossal creature compared to the six-metre-long great white! If a *Tyrannosaurus rex* skeleton is made up of bones and therefore easy to find, a megalodon skeleton, like modern day sharks, is mainly made up of cartilage, which disintegrates after death. However, when teeth are found, their jaws can be recreated. Fossils are usually preserved amidst a cluster of scales and teeth. The Megalodon was one of the largest vertebrate predators of all time (a great whale lover), boasting 250 teeth (up to18 cm) in a two-metre-wide mouth. Weighing in at 100 tons, it had 1.4-metre-long gills and a 1.6-metre fin! Another example of a renowned shark fossil is the *Gladbachus adentatus*, dating back to the Devonian period (440 – 416 million years ago). *Helicoprion* (only 10 metres long) inhabited the oceans 270 million years ago. If its appearance was similar to that of today's sharks, its lower jaw was endowed with a dental spiral similar to a circular saw!

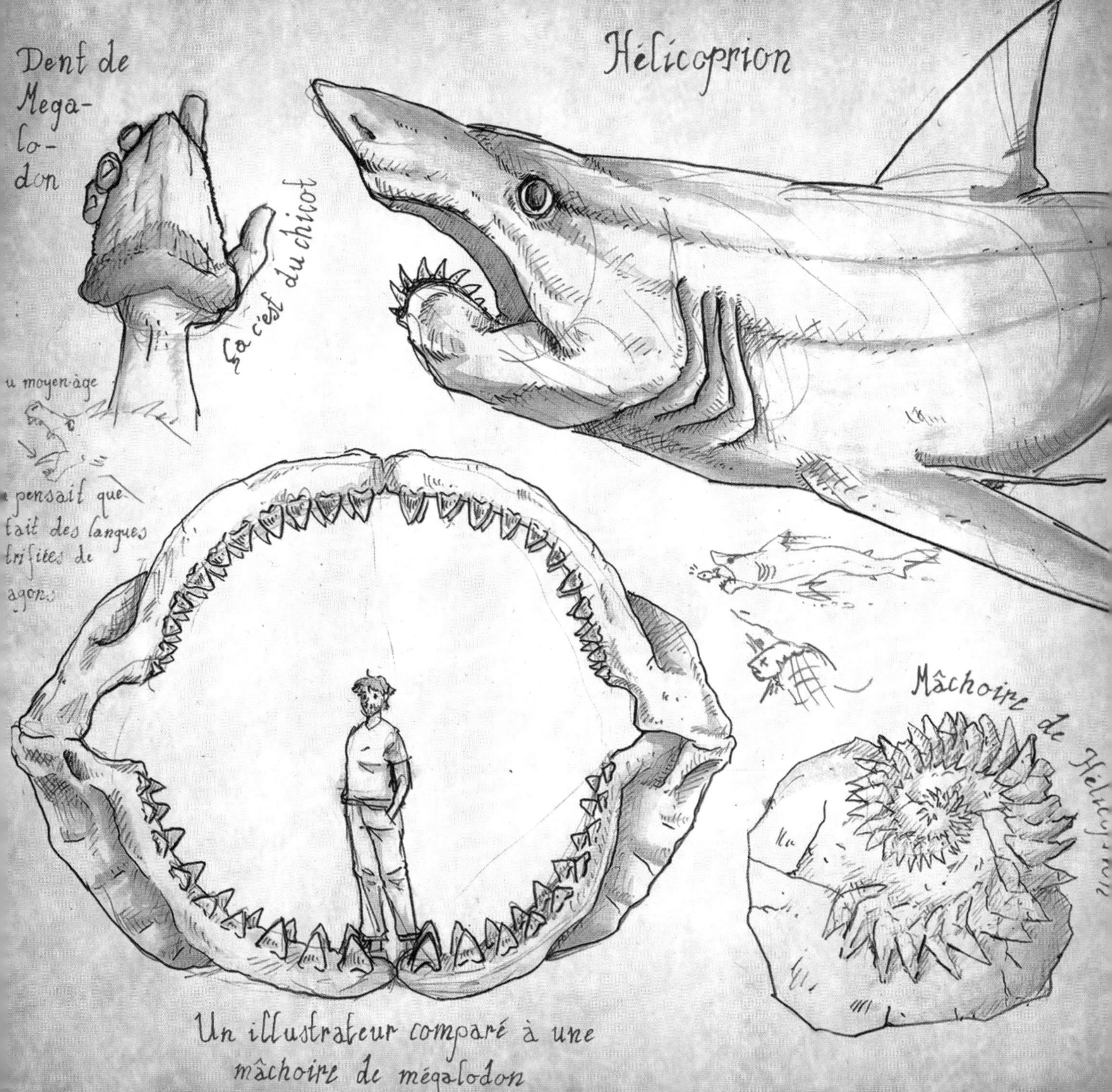

Dent de Mega- lo- don
Ça c'est du chicot
Hélicoprion
u moyen-âge
pensait que tait des langues trifiées de agons
Mâchoire de Hélicoprion
Un illustrateur comparé à une mâchoire de mégalodon

GRAND BLANC

Despite the legend, the great white shark, otherwise known as the great white, rarely bites humans. When it does, it is thought to be unintentional, by misunderstanding or simple curiosity. In the majority of cases, it will most probably have mistaken a surfer or a diver for a seal, one of these sharks' favourite prey. A member of the *Lamnidae* family, the great white measures a maximum of six metres, weighs up to two tonnes and can live for up to 40 years. This particular shark is one of the largest ocean predators. Made famous across the globe by Steven Spielberg's film, sudden celebrity has made the life of the great white a little more complicated. Recognisable among other species by its grey dorsal and contrasting white belly, the great white boasts a massive body and cone-shaped snout. Long-sighted, this particular shark sees less clearly up close. Its hearing and sense of smell are both highly developed. The great white boasts its own personal hunting technique. Propelling itself to the surface with an open mouth, it is capable of leaping high out of the water. Its hyostylic jaw suspension (an upper jaw disconnected from the skull) is an excellent asset for catching large prey. With a preference for sea lions and seals, the great white shark is also quite partial to a bit of tuna or marlin. Although the killer whale is the only predator of the great white, man and his intensive fishing methods prove to be a far worse enemy today.

Arrêtons avec les légendes : le Grand Requin Blanc ou le Grand Blanc blesse rarement l'homme. Et s'il le fait c'est par méprise ou par curiosité. Dans la plupart des cas, le squale aura confondu un surfeur ou un plongeur avec une de ses proies préférées : le phoque… De la famille des *Lamnidae*, le Grand Blanc fait en moyenne 6 m de long, pèse jusqu'à 2 T et peut vivre jusqu'à 40 ans. Ce requin est l'un des plus grands prédateurs vivant dans les océans. Il est connu dans le monde entier depuis le film de Steven Spielberg et cette soudaine célébrité lui a rendu la vie plus difficile. Il est reconnaissable entre tous avec sa partie dorsale grise qui contraste avec la blancheur de son ventre. Son corps est massif et son museau est conique. Il voit très bien de loin, moins bien de près. Son ouïe et son odorat sont très développés. Solitaire, le Grand Blanc a une technique de chasse bien à lui : il se met à l'affût et après avoir repéré une proie, il se propulse à la surface pour percuter sa victime la gueule grande ouverte. À cette occasion il est capable de réaliser des bonds impressionnants hors de l'eau. Sachez que sa mâchoire est hyostylique (la mâchoire n'est pas solidaire du crâne) elle peut ainsi avancer vers l'avant pour attraper de larges proies. Grand amateur d'otaries et de phoques, ce requin n'a rien contre les thons ou les marlins. Le seul prédateur du Grand Blanc est l'orque, mais son véritable ennemi reste l'homme avec la pêche intensive.

HOMME

Carnage. Massacre. Génocide. Utilisez le mot que vous voulez, mais c'est ce qui se passe avec 100 millions de requins tués chaque année ! Inutile de prendre des pincettes, l'homme est le seul responsable de ce drame. Pratiques de pêches destructrices, développement d'activités industrielles générant de la pollution, disparition d'habitats naturels marins essentiels, millions de déchets plastiques déversés dans les eaux, aménagement sauvage des littoraux, changements climatiques et leur incidence sur l'écosystème marin… Entre coutumes alimentaires d'un autre âge, croyances ancestrales et phobies diverses, le requin est convoité pour toutes les parties de son corps car tout est bon pour faire de l'argent ! Ses dents sont vendues pour faire des colliers pour touristes, sa peau sert à confectionner des chaussures ou des sacs à main hors de prix, sa chair est mélangée avec de la nourriture pour chien, ses ailerons sont cuisinés pour de la soupe. Quant à son foie, il fournit une huile exploitée par l'industrie pharmaceutique, pour des compléments alimentaires ou pour des lubrifiants pour machines ! Avec la surpêche industrialisée, les squales sont les victimes désignées des filets maillants et dérivants. Et comme les requins ne se reproduisent pas aussi vite que les autres poissons, la surpêche a un impact irrémédiable sur leur régénération. Aujourd'hui, plus du tiers des espèces de requins et de raies sont menacées d'extinction, d'après l'Union internationale pour la conservation de la nature. Si ce rythme de surpêche se poursuit, la plupart des requins auront disparus dans quelques décennies.

Bloodshed. Massacre. Genocide. Although one may use a selection of words to describe the fate of 100 million sharks killed every year, man is entirely responsible for the situation. Sharks are continually threatened by destructive fishing methods, industrial pollution and plastic dumping. The disappearance of essential natural marine habitats, coastal development and climate change have a negative impact on the marine ecosystem. In addition, certain traditions and beliefs transform every part of the shark's body into a money-making opportunity! Its teeth are sold to make necklaces for tourists, its skin used to make shoes or overpriced handbags, its flesh mixed with dog food and its fins cooked for soup. Finally, its liver is a source of oil used by the pharmaceutical industry in food supplements or to make lubricants for machinery. Since sharks fail to reproduce as fast as other species of fish, overfishing has an irreparable impact on their regeneration. Commercial longlining has devastated shark populations, alongside other techniques such as gillnets and driftnets. Today, according to the International Union for Conservation of Nature, more than a third of shark and ray species are threatened with extinction. If overfishing continues at the present rate, many sharks are doomed to disappear within a few decades. True slaughter!

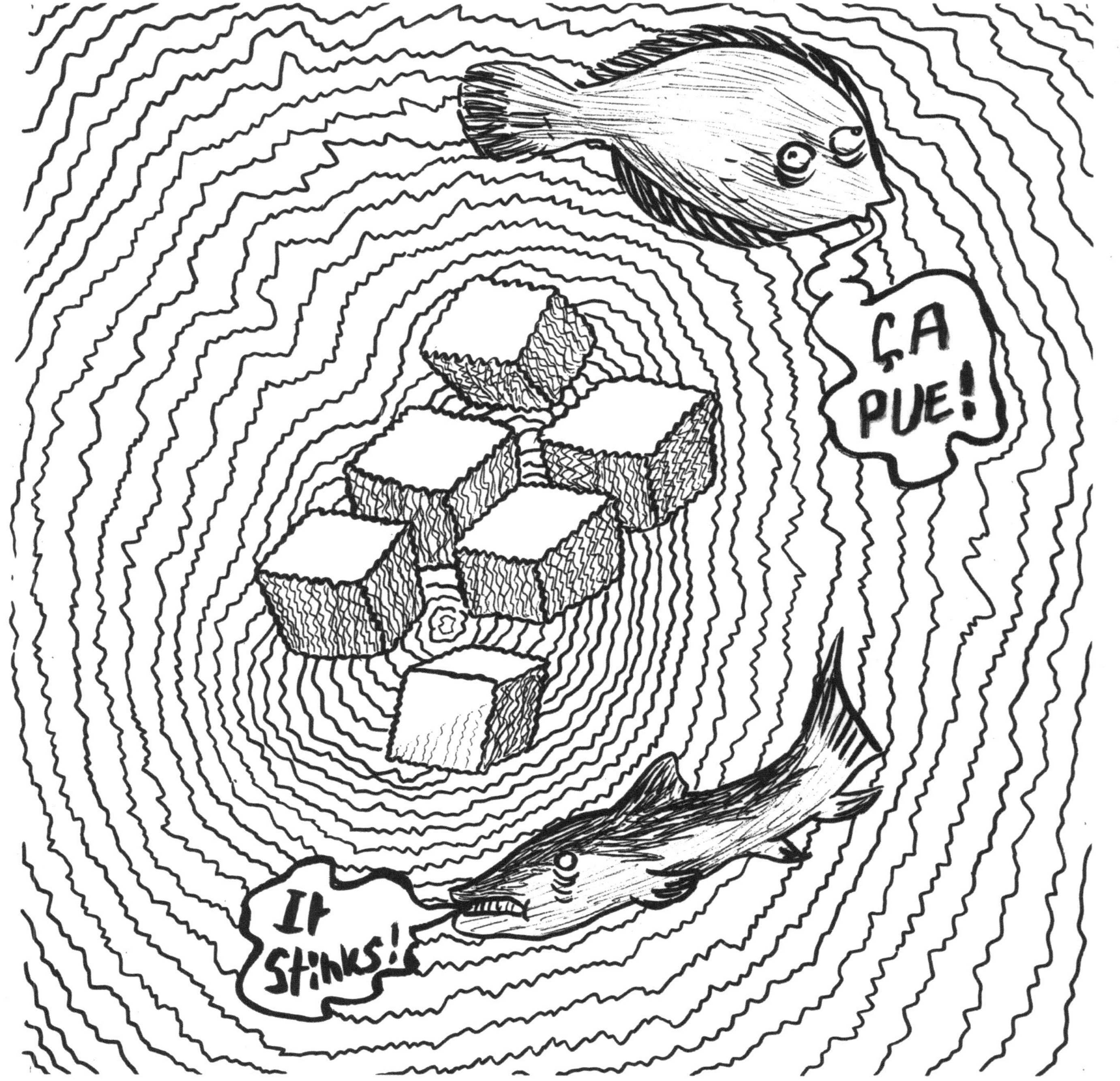
ÇA PUE!
IT STINKS!

Hákarl, seriously salty meat.

While the Japanese are fond of fugu, a pufferfish containing a toxic substance that may prove deadly if not prepared accordingly, Icelanders love eating shark meat known as Hakarl (shark in Icelandic), which is equally dangerous for their health. In the event of poisoning, the mortality rate is over and above 50%! Present in the Northern Atlantic, this oceanic predator belongs to a family of sharks known as sleeper sharks. The Greenland shark *Somniosus microcephalus* is the largest fish in the Arctic and has a life expectancy of up to 400 years! Capable of enjoying a seal for breakfast, their lethargic appearance is extremely deceptive. But the most amazing fact is yet to come…This particular species of shark retains high levels of its organic waste within its flesh, making it toxic to eat and totally inedible if not cooked according to specific culinary rules. But maybe cooked isn't really the right word? Once caught and gutted, the flesh of the shark is divided into large pieces, washed, buried under gravel and left to rot for a period of three to four months before being rewashed and dried under an open hut for another three months. When the curing process is complete, the outer brown crust of the meat is removed and the remaining white flesh cut into small squares to be served as an appetizer. Frequently enjoyed with a glass of "Brennivin", an Icelandic beverage that attenuates its ammonia-rich smell, this strong tasting shark meat is often compared to that of ripe gorgonzola…an acquired taste indeed!

Hákarl, une viande bien salée.

Si les Japonais sont friands du fugu, un poisson contenant une substance toxique, voire mortelle, quand ce dernier n'est pas préparé dans les règles de l'art, les Islandais sont fans de Hákarl (« requin » en islandais), une viande de requin tout aussi dangereuse pour la santé. Car en cas d'intoxication, le taux de mortalité est supérieur à 50 % ! Ce requin de l'Atlantique Nord n'appartient pas à n'importe quelle espèce : c'est celle des *Somniosus microcephalus* Greenland Shark. Ce requin est le plus grand poisson de l'Arctique qui peut vivre jusqu'à 400 ans ! Son apparence léthargique est trompeuse car ce prédateur est capable de broyer un phoque pour son petit déj. Mais le plus étonnant, c'est qu'il retient beaucoup de ses déchets organiques dans sa chair à des niveaux si élevés qu'il devient toxique à manger. C'est pourquoi elle n'est pas comestible si elle n'est pas cuisinée dans les règles de l'art. Enfin cuisinée, entendons-nous ! Une fois le requin péché, puis vidé, la chair est divisée en gros morceaux, lavée, puis enterrée sous du gravier. On laisse la viande pourrir entre trois et quatre mois, puis elle est déterrée, lavée et enfin séchée sous une cabane en plein air, au minimum trois mois. Une fois le processus de durcissement terminé, la croûte brune extérieure de la viande est enlevée et la chair blanche restante est découpée en petits carrés et servis comme des Apéricubes ! Ce « met » est généralement « à savourer » avec un verre de Brennivín, l'aquavit islandais. Skál ! Santé !

 JAWS

« Il existe dans notre monde d'aujourd'hui, une créature vivante, qui, malgré une évolution de millions d'années n'a pas changée. En dehors de toute passion, de toute logique, elle vit pour tuer. C'est une machine à dévorer. Elle attaque et elle avale tout ce qui passe à sa portée. Comme si Dieu avait créé le Diable et l'avait doté de mâchoires. » Ces mots sont tirés du livre de Peter Benchley, sorti en 1974, un roman mondialement connu : *Les dents de la mer*. C'est un an plus tard qu'un certain Steven Spielberg sort son film du même nom. Ce classique du cinéma d'horreur grand public, raconte l'histoire d'un grand requin blanc mangeur d'hommes qui attaque les baigneurs dans une station balnéaire de la côte est des États-Unis, sur l'île d'Amity (en réalité tourné à Martha's Vineyard dans le Massachusetts). Le monstre marin de 6 m et de 3 T va contraindre Roy Scheider, dans le rôle du chef de la police locale, à le chasser avec l'aide d'un biologiste marin (joué par Richard Dreyfuss) et d'un chasseur de requins (Robert Shaw). Comme les requins mécaniques conçus par le studio Universal ne fonctionnaient pas bien, Spielberg décide alors de suggérer la présence du requin avec un thème musical inquiétant pour indiquer ses apparitions imminentes. Le suspens et la peur sont au rendez-vous, tout comme le succès au box-office (470 millions $) de cette première grande super production. « Taada… Taada… Tadata-datada… ». La musique du compositeur John Williams vous rappelle quelques sueurs froides ? Des quatre films de la saga, le premier opus reste un classique du genre.

"There is a creature alive today that has survived millions of years of evolution without change, without passion and without logic. It lives to kill; a mindless eating machine. It will attack and devour anything. It is as if God created the devil and gave him… Jaws." These words are taken from Peter Benchley's world-famous novel, *Jaws*, published in 1974. A year later, a certain Steven Spielberg released the now famous big-screen production. This classic horror film relates the story of a man-eating great white shark that attacks bathers off Amity Island, a resort on the east coast of the United States (a shooting that actually took place at Martha's Vineyard in Massachusetts). The six-metre long, three-tonne marine monster forces Roy Scheider, in the role of the local police chief, to hunt Jaws down with the help of a marine biologist (played by Richard Dreyfuss) and a shark hunter (played by Robert Shaw). When the original mechanical sharks, designed by Universal Studios, failed to provide the desired result, Spielberg decided to suggest the presence of the shark by using a disturbing musical theme to indicate its imminent appearances. Fear and suspense guaranteed a box-office success for this first major super production ($470 million). Of the four films in the saga, the first opus remains a classic of the genre. The music, composed by John Williams, may still send shivers up your spine!

HUMANS

courage
I ♥ DAD
MY SHARK BELONGS TO DADDY
sweet shark

The N°1 James Bond villain.

Once upon a time, a certain shark was seen to bite through a padlock and escape from an Egyptian temple, twist the steel bars of a space-station and sever a cable-car line above Rio! A strength that later proved more of a weakness. Entirely made of steel and capable of repelling bullets, this particular predator beeped at airport security and ended up attracted to a giant magnet. "His name is Jaws, he kills people." One certainly couldn't have invented a better name for a killer! Richard Kiel (1939 – 2014), an American actor with an incredible physique (a true giant, measuring 2.18 metres tall), was one of the very few "villains" to appear in two 007 films, *The Spy Who Loved Me* (1977) and *Moonraker* (1979). A sworn enemy, under Stromberg and Drax, Jaws later became a source of comedy and eventually an ally to Bond himself. And sharks in all this you might say? Well, they're on their way! At the end of *The Spy Who Loved Me*, Jaws fights a real shark, biting it to death with his steel teeth. For those fans interested, this famous jaw is now on display at the International Spy Museum in Washington DC!

Top 1 James Bond villain.

Il existe un requin qui est capable de sectionner un cadenas avec ses dents pour sortir d'un temple en Egypte, tordre des barres d'acier dans une plateforme spatiale ou sectionner un câble de téléphérique au-dessus de Rio ! Mais sa force est aussi sa faiblesse ; car sa mâchoire, entièrement en acier, même capable de repousser les balles de pistolet, ne le met pas à l'abri de l'électricité d'une lampe de chevet, de biper sous un portique de détection d'un aéroport ou de finir aimanté par la bouche par un aimant géant… « His name is Jaws, he kills people.» Voici comment le Commander James Bond présente un de ses plus grands ennemis. Son nom : Requin. Son vrai nom : Richard Kiel (1939-2014). Un nom pareil pour un tueur, ça ne s'invente pas ! Acteur américain au physique atypique (un vrai géant de 2.18 m), Kiel est un des très rares « villains » à jouer dans deux films de la célèbre licence 007 avec *L'Espion qui m'aimait* (1977) et *Moonraker* (1979). Au début, ennemi juré au service des terribles Stromberg puis Drax, « Requin » deviendra une source de comédie et même un allié de Bond à la fin de *Moonraker*, lorsque son employeur le renie à cause de son physique. Il tombera même amoureux de Dolly, une adorable petite blonde à couettes et à lunettes. Et les requins dans tout cela me direz-vous ? Et bien ils arrivent ! À la fin de *L'Espion qui m'aimait*, Requin finit par se battre avec un vrai requin et le mordre à mort avec ses dents en acier. Une info pour les fans : cette mâchoire de cinéma est exposée à l'International Spy Museum de Washington DC !

LUMIÈRE

Lumineux ! En janvier 2021, pour la première fois en Nouvelle-Zélande, au pays des All Blacks, des chercheurs ont découvert trois espèces de requins… lumineux ! Ces trois espèces - le requin-lanterne à ventre noir, le requin-lanterne du sud et le requin cerf-volant - utilisent une réaction qu'on appelle la bioluminescence : c'est-à-dire la production de lumière par un être vivant en raison d'une réaction biochimique. Ce qui est nouveau, c'est que le requin-cerf-volant découvert, devient le plus grand vertébré lumineux connu à ce jour avec ses 1.80 m ! Comment ça marche ? Ces squales, qui vivent à 1 000 m de profondeur, possèdent des photo-phores, c'est-à-dire de très petits organes qui renferment des bactéries luminescentes. À quoi ça sert ? Deux théories d'après l'étude parue dans *Frontiers in Marine Science* : les requins « pourraient se servir de cette luminosité pour imiter la lumière à travers la surface de l'eau pour se camoufler et ainsi éviter toute attaque venant d'en-dessous (…) ou alors cette émission de lumière leur permettrait d'éclairer les fonds très sombres pour y trouver de la nourriture. » Il existe d'autres spécimens connus de ce type. Comme le petit requin lanterne-ninja et ses 50 cm ! Il vit entre 200 et 1 000 m de profondeur et sa peau est aussi phosphorescente. On l'ap-pelle ainsi car il est tout noir avec de beaux yeux bleus ! Découvert en 2010, il vit dans le Pacifique au large de l'Amérique centrale. Son nom scientifique est *Etmopterus benchleyi*, en référence à Peter Benchley, l'écrivain du roman *Jaws*. Lumineux je vous dis !

In January 2021, researchers in New Zealand discovered three species of luminous shark! All three species – the black-bellied lanternshark, the southern lanternshark and the kite shark – use a reaction called bioluminescence, the production and emission of light by a living organism. Measuring 1.8 metres in length, the kite shark is the largest luminous vertebrate known to date! But how does this light process work and what purpose does it serve? These sharks, who live at a depth of 1,000 metres, boast numerous photophores: very small organs that contain luminescent bacteria. According to a study published in the journal *Frontiers in Marine Science*, sharks may use this luminosity as camouflage to imitate the natural light that glows through the surface of the water and avoid attack from below, or to illuminate the deeper waters when in search of food. Other known species of this type exist. The 50 cm-long ninja lanternshark, whose skin is also biolu-minescent, lives in waters between 200 and 1,000 metres deep. Totally black, with beautiful blue eyes, this particular species was discovered in 2010 and is known to live in the Pacific Ocean, off the coast of Central America. Its scientific name, *Etmopterus benchleyi*, lends reference to Peter Benchley, the author of the novel *Jaws*. A very bright idea indeed!

MANTA

One may ask what an article about manta rays is doing in a book about sharks? It's normal, manta rays are basically flat sharks – cartilaginous fish, sub-classified *Elasmobranchii*. A member of the Myliobatidae family, the manta ray is an emblematic animal of enchanting beauty, taking its name from the Spanish word "manta", meaning blanket. The ray family is divided into two groups: stingrays, that live on the ocean floor, and pelagic rays, like the manta. Every diver's dream, the manta can be found in tropical seas, notably the Red Sea and the Indian Ocean. There are two kinds of manta: the *Mobula alfredi* or reef manta ray (a smaller, more resident creature, measuring three metres wide and weighing a tonne) and the *Mobula birostris* or giant manta ray (a large migratory creature, up to seven metres wide and weighing two tonnes). Manta rays boast certain characteristics: a black back marked with white and grey chevrons, a white underside marked with black spots, and two cephalic fins situated on either side of a large mouth. Manta rays do not sting! Despite a lifespan of up to 50 years, this species is threatened by overfishing – a problem made worse by their slow reproductive rate (only one pup every two years). Finally, did you know that giant mantas have the largest brain of all fish? They are particularly curious, very sociable, and evidence exists that they recognise themselves in the mirror!

Que fait un sujet sur les raies manta dans un livre dédié aux requins ? Normal ! Ce sont des requins plats, ovovivipares, mais aussi des poissons cartilagineux (sous-classe *Elasmobranchii*). De la famille des *Myliobatidae*, la raie manta est un animal emblématique à la beauté envoûtante. Elle tient son nom de l'espagnol *manta* qui veut dire manteau. La famille des raies se divise en deux groupes : les raies vivant sur le fond, comme les raies pastenagues, et les raies pélagiques, comme les manta. Ces dernières sont des créatures à la fois fascinantes et gracieuses. C'est le rêve de tout plongeur d'en croiser. Les raies manta sont visibles dans les mers tropicales, en particulier en Mer Rouge et dans l'Océan Indien. Il existe deux sortes de manta : la *Mobula alfredi* ou raie manta de récif (la petite plus sédentaire de 3 m d'envergure et 1 T) et la *Mobula birostris* ou raie manta géante (la grande migratrice de 7 m d'envergure et 2 T). Elles sont majoritairement noires sur le dos avec des chevrons blancs et gris, et blanches sur le ventre avec des taches noires, sans oublier leurs deux excroissances céphaliques de chaque côté de leur large bouche. Leur taux de reproduction est assez faible (1 petit tous les 2 ans) et leur espèce est de plus en plus menacée par la surpêche. Pouvant vivre jusqu'à 50 ans, la raie manta ne possède pas d'épines venimeuses. Ce qui n'est pas le cas de certaines raies pastenagues. Enfin, saviez-vous que les manta géantes ont le plus gros cerveau de tous les poissons ? Elles sont particulièrement curieuses et sociales et il y a des preuves qu'elles sont capables de se reconnaître dans le miroir ! Coquettes en plus !

NAVIGATION

Cela ressemble à de la science-fiction et pourtant c'est de la science : les requins peuvent s'orienter grâce au champ magnétique terrestre… c'est-à-dire qu'ils utilisent le champ géomagnétique de la Terre comme boussole. Vous le savez, les oiseaux et les saumons sont de grands migrateurs. Mais des requins, comme les grands blancs, sont capables de faire des allers-retours entre l'Afrique du Sud et l'Australie, soit près de 20 000 km ! Si on part du principe que chaque lieu sur Terre possède sa propre signature magnétique, des scientifiques pensent que les requins pourraient être dotés d'une sorte de « carte magnétique » qui leur indiquerait où ils se trouvent. Afin de tester cette théorie, Bryan Keller, biologiste américain soutenu par la fondation Save Our Seas, a ramené vingt jeunes requins-marteaux tiburones à l'Université d'État de Floride. Il a sélectionné cette espèce car elle regagne son habitat pour se reproduire. Dans une étude publiée en mai 2021 dans la revue *Current Biology*, il a prouvé que ces requins se servaient du champ magnétique terrestre pour naviguer ! Pour cette expérience, il a mis les requins dans un bassin et placé au centre un cube enveloppé dans du fil de cuivre. « Si vous modifiez la quantité d'énergie qui passe dans ces câbles, le champ magnétique change », explique le Dr Keller. Si les requins disposent bel et bien d'une carte magnétique, une exposition à différents champs magnétiques entraîne une déviation de leurs mouvements. En ce qui concerne les requins, on ne sais pas encore si cette faculté est innée ou acquise...

What may sound more like science fiction is, in fact, scientifically proven: sharks navigate using the earth's geomagnetic fields as a compass. You may be aware that birds and salmon are highly migratory but what about sharks? Certain species, such as the great white shark, are capable of travelling back and forth between South Africa and Australia, covering a distance of nearly 20,000 kilometres! If one assumes that every place on earth has its own magnetic signature, scientists believe that sharks may be endowed with some kind of magnetic map sense that informs them of their location. In order to test this theory, Bryan Keller, an American biologist backed by the Save Our Seas Foundation, brought 20 juvenile bonnethead sharks back to Florida State University. He selected this particular species for its known capacity to return to its original habitat to reproduce. In a study, published in May 2021 in the journal *Current Biology*, he established that sharks use the earth's magnetic fields for homeward orientation! To experiment, he put the sharks in a large tank and placed a copper wire wrapped cube in the centre. "When you change the power supply to the cables, you can change the magnetic fields to represent different locations," explains Keller. If sharks are able to sense a magnetic map, then exposure to different magnetic fields should cause them to adjust their movements. As far as sharks are concerned, it is not yet possible to determine whether this ability is innate or learnt, but this study provides a good starting point. Simply electrifying!

ON DIRAIT BIEN QU'ON EST PERDU...
AH BON?! TU CROIS??
HA HA HA !!

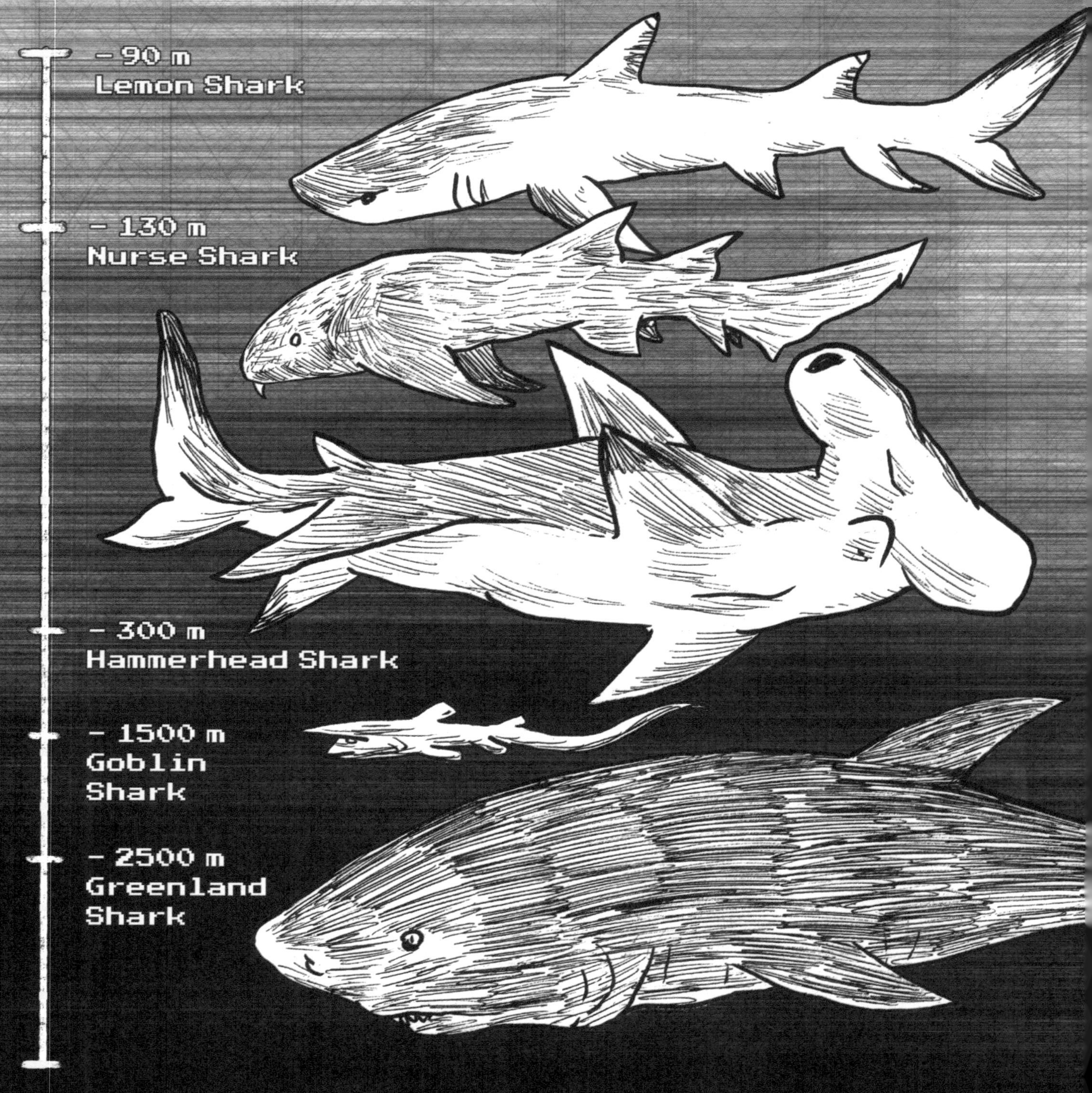

– 90 m
Lemon Shark
– 130 m
Nurse Shark
– 300 m
Hammerhead Shark
– 1500 m
Goblin
Shark
– 2500 m
Greenland
Shark

Did you know that sharks withstood the fall of a 10-kilometre asteroid that crashed north of the Yucatan 65 million years ago? Dinosaurs did not! The exact date and place of appearance of the first sharks remains a mystery but most scientists agree it was more than 440 million years ago, towards the end of the Devonian era. A major ocean predator, sharks are present in all waters of the globe (72% of the earth's surface) except in the southern hemisphere around Antarctica. The highest number of sharks can be found in the Galápagos Islands, 1,000 kilometres from the equator in the Pacific Ocean. Sharks live in both salt and fresh waters, from depths of 30 centimetres to 2,500 metres. Some species, such as the bull shark and river shark, live in both. Since the beginning of mankind, man has never ceased referring to the shark in a sinister manner. The French word "requin" comes from the Latin "requiem", whilst the English word "shark" comes from "schurke", German for scoundrel… However, it is now time to save this animal's reputation! Despite the fact that sharks are essential to our ecosystem and therefore to our survival, more than 100 million sharks are exterminated every year. Across the globe, populations have declined by 70% and, if we continue as such, many sharks are likely to disappear completely from the Planet Sea!

Le requin est le prédateur majeur des océans. Cet animal a résisté à la chute de l'astéroïde de 10 km qui s'écrasa au nord du Yucatan, il y a 65 millions d'années. Aujourd'hui encore, la date et le lieu d'apparition des premiers requins restent un mystère. Les scientifiques s'accordent le plus souvent sur une date : - 440 millions d'années, soit la fin de l'ère du Dévonien. De nos jours, les requins sont présents dans toutes les eaux du globe (72% de la suface de la Terre) sauf autour de l'Antarctique, dans l'hémisphère sud. C'est aux îles Galàpagos (à 1 000 km de l'Équateur dans le Pacifique) qu'on en trouve le plus avec 33 espèces différentes. Sachez que le squale vit à toutes les profondeurs, de 30 cm à 2 500 m. Il y en a même, comme le requin-bouledogue et le requin de rivière, qui vivent aussi bien dans l'eau de mer que dans l'eau douce ! Maintenant, il est temps de se mouiller pour cet animal, car depuis que l'homme est sur Terre, il n'a eu de cesse de lui attribuer une sinistre renommée : le mot requin viendrait de *requiem* et la version anglaise, shark, de l'allemand *schurke*, pour scélérat… Si on continue à ce rythme, les requins pourraient bien totalement disparaître de la Planète Mer. 100 millions de requins sont exterminés chaque année et leur population a diminué de près de 70%. Or, ils sont primordiaux pour notre écosystème et donc pour notre survie.

PROTECTION

Si le paradis existe sur Terre, il se pourrait bien qu'il se trouve sur la côte est de la péninsule de Basse-Californie, au Mexique. La température moyenne de l'air est de 26°C et la température de l'eau est en moyenne de 23°C… C'est l'enfer ! C'est là que se trouve Cabo Pulmo, une petite aire marine protégée qui représente l'un des succès les plus impressionnants en matière de conservation des océans. Au début des années 90, après des décennies de surpêche, les fameux récifs n'étaient plus le terrain de jeux des nombreux poissons d'autrefois. Les personnes qui y vivent décident alors d'abandonner leur pêche pour sauver leurs récifs. Avec le soutien d'autres pêcheurs, ils font pression sur le gouvernement et réussissent à obtenir le statut de protection du récif. En 1995, l'État mexicain de Basse-Californie du Sud crée officiellement le parc national de Cabo Pulmo, une zone marine protégée couvrant 7 100 hectares. Lors de sa désignation, le parc national avait 35% de zones réservées à la non-pêche. Après une action des familles locales, la zone de non-pêche du parc a été étendue à 100% ! Cela ne s'est pas fait du jour au lendemain, mais les récifs de Cabo Pulmo se sont radicalement transformés. Les requins prédateurs, les raies massives, les baleines à bosse, les tortues de mer ou les balbuzards font partis des 891 espèces, dont 90 endémiques, qui dépendent maintenant de Cabo Pulmo (pour leur reproduction, leur alimentation et leur habitat). En 2005, ce site protégé qui comprend 244 îles, îlots et zones côtières a été nommé au patrimoine mondial de l'UNESCO. C'est le paradis !

If paradise exists on earth, it may well be along the Baja California peninsula, on the east coast of Mexico, where the average temperature is 26°C and the water temperature 23°C. This peninsula, home to Cabo Pulmo – a small protected marine area – represents one of the most impressive success stories in ocean conservation. In the early 1990s, after decades of overfishing, the area no longer attracted the variety of species once present. In order to save their reefs, the locals decided to give up fishing. Backed by the fishermen, they campaigned for a protected status. In 1995, the Mexican state of Baja California officially created Cabo Pulmo National Park, a protected marine zone covering 7,100 hectares. 35% of the area was declared a non-fishing zone – later extended to cover the entire area! Changes didn't happen overnight, but the reefs of Cabo Pulmo have been radically transformed. Predatory sharks, massive rays, humpback whales, sea turtles and ospreys are among the 891 species present (90 endemic species), dependent on Cabo Pulmo for their reproduction, food and habitat. In 2005, this protected area, which includes 244 islands, islets and coastal areas, was declared a UNESCO World Heritage Site. Pure paradise!

QUEENSLAND

Queensland is a state located in northeast Australia, bordered by the Coral Sea. Named after Queen Victoria, Queensland is best known for the Great Barrier Reef, a UNESCO World Heritage Site (1981). The 8th wonder of the world, it stretches across 2,000 kilometres, covers 348,000 square-kilometres, is composed of 2,500 reefs from 900 islands and can even be seen from space! This unique ecosystem, providing natural refuge for 130 species of sharks and rays, was discovered by James Cook on 11 June 1770. Some 400 species of corals, 1,500 species of fish and 4,000 species of shellfish depend on its good health. Human activity (intensive fishing, mass tourism, agricultural pollution) and climate change (known to accelerate coral bleaching) are just some of the reasons for its deterioration. In order to protect bathers, surfers and other sea sport enthusiasts, nets and giant hooks are positioned off the beaches as part of the "Shark Control Programme", a policy introduced in 1962 to avoid incidents. A decline in shark numbers is known to affect natural biodiversity and weaken the local marine ecosystem. So, with 25,000 sharks killed in the past 60 years, this programme is now being questioned. God Save the Queensland!

QUEENSLAND

Le Queensland est un état qui se trouve au nord-est de l'Australie, bordé par la mer de Corail. Tenant son nom de la Queen Victoria, il est surtout connu pour la Grande Barrière de corail, inscrite au patrimoine mondial de l'humanité de l'Unesco (1981). La 8ème merveille du monde s'étire sur plus de 2 000 km, couvre 348 000 km^2, est composée de 2 500 récifs, de 900 îles et se voit même de la Station orbitale ! Voilà pour la sympathique partie touristique. Pour ce qui est de la partie biodiversité, là c'est moins drôle… Découverte par James Cook (11 juin 1770), elle est aujourd'hui en danger et met ainsi en danger 400 espèces de coraux, 1 500 espèces de poissons et 4 000 espèces de mollusques qui dépendent de sa bonne santé. Les coupables sont nombreux comme l'impact de l'activité humaine (pêche intensive, tourisme de masse, pollution agricole) et bien sûr, le grand gagnant, le réchauffement climatique qui accélère le blanchissement des coraux. Cet écosystème unique au monde censé protéger 130 espèces de requins et de raies risque bien d'être leur cimetière… car afin de protéger les baigneurs, surfeurs et autres usagers des mers, des filets et des hameçons géants sont installés au large des plages dans le cadre du Shark Control Program, une politique destinée à éviter les incidents avec les requins. Avec 25 000 requins décimés depuis sa création en 1962, ce programme est aujourd'hui remis en question. La disparition des squales bouleverse la biodiversité et fragilise l'écosystème marin local. God Save the Queensland !

REPRODUCTION

Alors que le dauphin est un mammifère aquatique marin donnant naissance à un petit après plusieurs mois de gestation, le squale a quatre façons différentes de se reproduire et de mettre bas ! Je vais jouer le rôle du vétérinaire… Il y a les ovipares, comme la petite roussette : la femelle pond des œufs dans lesquels les embryons se nourrissent de leur propre réserve vitelline (réserve de matière nutritive présente au début de la vie de certains organismes). D'autres sont vivipares, comme le requin gris de récif : les embryons se développent grâce au placenta qui les relie à leur mère, qui donnera naissance à des jeunes déjà formés. Il y a encore les ovovivipares, comme le requin-taureau : l'embryon se développe dans un œuf que la femelle garde dans son utérus jusqu'à l'éclosion. Il existe même des cas de cannibalisme intra-utérin : les embryons les plus vigoureux dévorent les plus faibles ! J'ai gardé le meilleur pour la faim… avec la parthénogenèse. C'est un mode de reproduction original, cher au requin-zèbre par exemple. Ce cas rarissime a été observé dans un Aquarium en Sardaigne : la parthénogenèse permet le développement d'un individu à partir d'un ovule non fécondé. Il se reproduit lui-même ! De nombreuses espèces n'atteignent leur maturité sexuelle que très tard (vingt ans pour un requin blanc), ce qui ne laisse que peu de chances de survie à ces espèces souvent chassées avant qu'elles ne se reproduisent… Sachez enfin que les requineaux ne reçoivent aucun soin maternel ; ils naissent prêts à chasser. Pas comme ces delphineaux qui tètent leur mère pendant des années !

While marine mammals such as dolphins give birth to their young after several months of gestation, the shark boasts four different methods of reproduction. Shall we play vet? For oviparous species, such as the small-spotted catshark, the female lays eggs in which the embryos feed on their own yolk reserve. For viviparous species, such as the grey reef shark, embryos develop via their mother's placenta. For ovoviviparous species, such as the bull shark, the embryo develops in an egg that remains in the mother's uterus until hatching. Cases of intrauterine cannibalism exist, resulting in the most vigorous embryos devouring the weakest! Last but not least and by far the most interesting, parthenogenesis is an extremely rare method of reproduction. Observed in an aquarium in Sardinia, it enables the development of a pup from an unfertilised egg that simply reproduces itself! Unfortunately, many species of shark do not reach sexual maturity until very late in life (20 years for a great white shark). Often hunted before they have the opportunity to reproduce, they are left with little chance of survival. Did you know that shark pups do not receive any maternal care? Unlike dolphins, who suckle their mother for several years, young sharks are born ready to hunt!

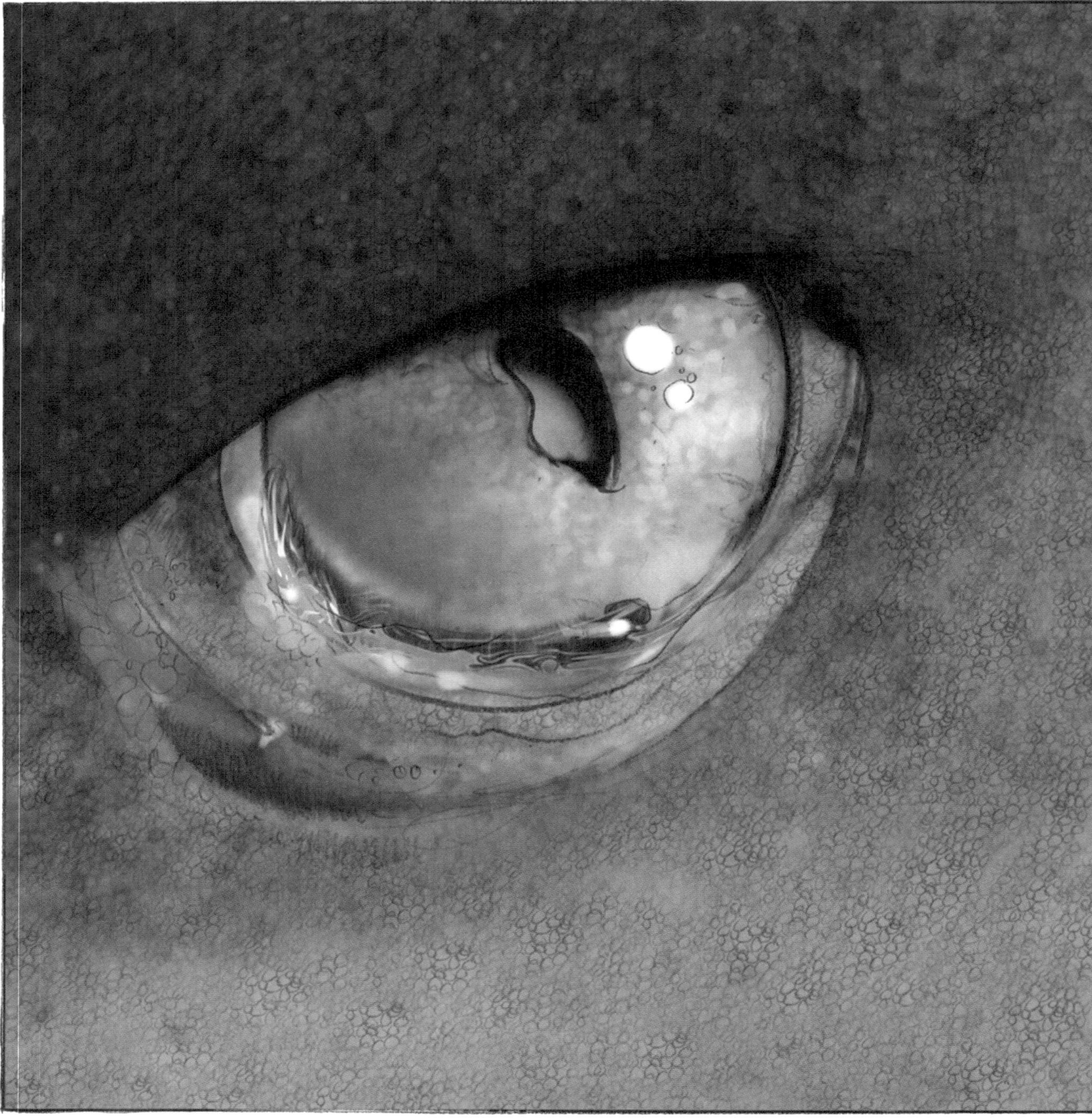

SENS

A mix of six.

In my opinion, a shark has many hidden talents. If you don't agree then listen carefully. Endowed with the five classic senses, sharks are known to possess a sixth sense: a hypersensitive electric field detector that guides them straight towards their prey in cloudy water, total darkness or even beneath the sand. Known as electro-reception, this sixth sense enables sharks to perceive extremely weak electrical impulses, such as those emitted by a future victim's heartbeat or muscle contraction. To detect such stimuli, they use special sensory organs, known as *ampullae of Lorenzini*, located on the snout and around the eyes. A panoply of other sensory organs enhance a shark's hunting skills. An acute sense of smell enables it to detect a drop of fish blood in an Olympic-size swimming pool. It can hear a school of fish or an injured animal up to 20 kilometres away and a lateral line of touch sensors, running along the sides of its body and head, can record differences in water pressure. By all accounts, sharks have pretty impressive eyesight. As a matter of fact, it is estimated that shark sight is about 10 times better than what humans have in clear water. Finally, in terms of taste, do not be led to believe that this predator has none! On the contrary, a shark has taste buds inside its mouth and spits out food it doesn't like. An amateur gourmet indeed!

La preuve par six.

À mon sens, le requin a énormément de talents cachés. Déjà doté des cinq sens classiques, le requin en possède un sixième : un détecteur de champs électriques ! Extraordinairement sensible, ce sens l'aide à se diriger droit sur ses proies. De fait, cette électroperception fonctionne dans l'eau trouble, dans l'obscurité totale ou lorsque sa proie se cache dans le sable. Ce sens lui permet de déceler de très faibles impulsions électriques, comme celles émises par des battements de cœur ou les contractions des muscles de ses futures victimes. Pour ce faire, le requin utilise un de ses organes sensoriels placé sur le museau et autour de ses yeux par centaine : les célèbres ampoules de Lorenzini. Grâce à sa panoplie d'organes sensoriels, le requin est un des animaux les mieux adaptés à son milieu. Et tout est mis en œuvre pour optimaliser la chasse ! Son odorat est son sens le plus développé : il est capable de sentir une goutte de sang de poisson dans une piscine olympique. Grâce à son ouïe, même à des kilomètres, le requin peut repérer un banc de poissons ou un animal blessé. il peut capter des fréquences provenant de plus de 20 km. Au niveau du toucher, le squale possède une ligne latérale de capteurs qui court sur les côtés de son corps et sur sa tête ; ces capteurs peuvent enregistrer des différences de pression de l'eau. Quant à sa vue, elle est excellente; on estime même qu'elle est environ dix fois meilleure que celle des humains en eau claire. Enfin, au niveau du goût, ne pensez pas qu'il n'en a pas : le requin possède des papilles dans la gueule et recrache les aliments qu'il n'aime pas !

TOURISME

Si l'argent ne fait pas le bonheur, il pourrait finir par faire celui des requins et des raies ! Les chiffres ne mentent pas. Une étude publiée en 2014 dans *Biological Conservation* révèle que les requins et les raies ont contribué à hauteur de 114 M US$ à l'économie des Bahamas sur une année. Une autre étude menée en Polynésie française indique qu'un seul requin rapporte 100 000 US$ par an ; en comparaison, un requin mort ne rapporte à un pêcheur que 100 US$... Du Mexique à l'Indonésie, d'anciennes zones de pêche sont devenues des zones marines protégées. Ainsi, il n'est pas rare que d'anciens pêcheurs, devenus guides touristiques, accompagnent leurs clients à la découverte des requins et des raies. Pratiqué selon des méthodes respectueuses de la faune, l'écotourisme plaide en faveur de ces refuges tout en leur apportant un soutien financier. Le plus souvent, une partie des revenus est redistribuée à la recherche scientifique ou à la gestion de ces zones protégées. À l'échelle mondiale, on estime qu'environ 600 000 plongeurs passionnés de requins dépensent 315 M US$ par an, soutenant directement 10 000 emplois. En comparaison, la valeur de la pêche mondiale de requins est actuellement d'environ 630 M US$. Sur la base des tendances actuelles, le nombre de voyageurs liés aux requins pourrait doubler au cours des 20 prochaines années, générant 800 M US$ de dépenses touristiques ! Le tourisme, pratiqué de manière responsable, est une solution gagnant-gagnant aux défis environnementaux et socio-économiques. Et c'est tout « bénef » pour la conservation des requins !

Shark and ray ecotourism is a potentially sustainable and profitable business! If money doesn't make man happy, ecotourism may be the best thing that ever happened to sharks! The numbers don't lie... A study published in 2014 in the journal *Biological Conservation* revealed that, per annum, sharks and rays contribute US$114 million to the economy of the Bahamas. Another study, conducted in French Polynesia, compared the annual yield of a live shark, US$100,000, to that of a dead shark, US$100. From Mexico to Indonesia, former fishing grounds have become marine protected areas and it is not uncommon for former fishermen to conduct shark and ray discovery tours. This wildlife-friendly ecotourism financially supports marine refuges. In the majority of cases, a portion of the income generated by tourists is allotted to scientific research or to the management of protected areas. It is estimated that shark divers spend approximately US$315 million per year around the world, thus supporting 10,000 jobs. In comparison, the value of the global shark-fishing industry is currently approximated at US$630 million. However, based on current trends, the number of shark-related tourists could easily double in the next 20 years and generate up to US$800 million in tourism spending! Practiced in a responsible manner, tourism is without doubt a winning solution to many environmental problems around the world. A winner for shark conservation too!

À quoi reconnait-on un·e écotouriste ?

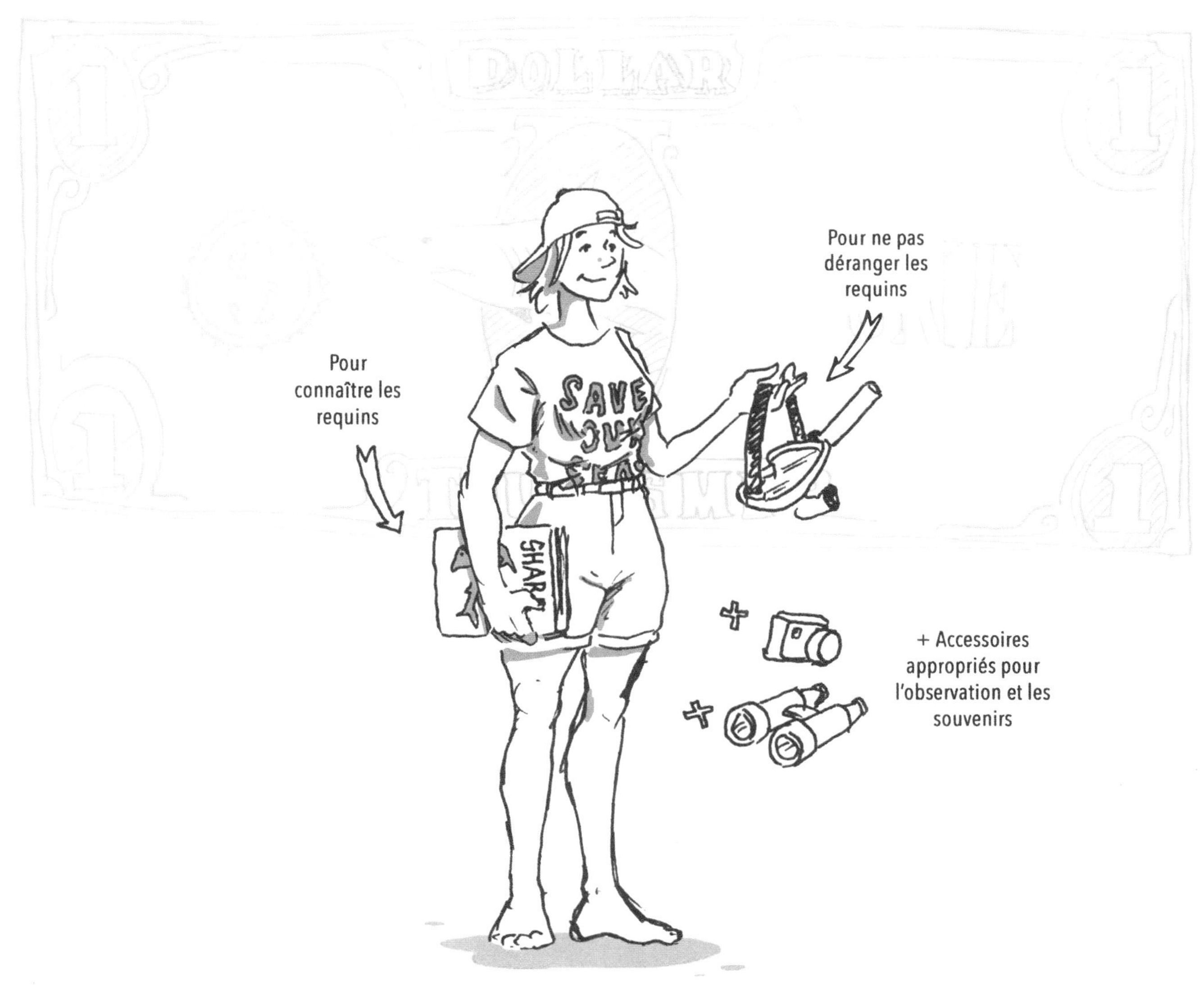

DEPUIS 450'000'000 D'ANNÉES DANS LES OCÉANS

An important protective role.

Although turtles and dugongs are cute, they tend to eat great quantities! In 2021, in Shark Bay, Western Australia, researchers found that, in the absence of tiger sharks, these large herbivorous creatures remain in the area too long, making it impossible for the marine flora to recover. In other words, sharks protect the seagrass beds. They are practically indispensable in their role as predators. Trisha Atwood, from the Aquatic Ecology Laboratory at Utah State University offers another explanation as to the usefulness of sharks: "In places where sea turtles are protected but shark populations are in decline, such as the West Indies and Indonesia, sea turtles have begun to overeat temperate seagrass instead of tropical seagrass." The survival of their ecosystem conditions the survival of our ecosystem! She also states: "Over the past two decades, we have come to realise that seagrass beds are actually some of the best carbon stores on earth, with the capacity to absorb carbon faster than any forest on land." That, in fact, says it all!

Là pour réguler. Pas pour rigoler !

Les dugongs et les tortues, c'est sympa, c'est mignon mais ça a tendance à beaucoup manger ! En 2021, à Shark Bay, en Australie occidentale, des chercheurs ont constaté que lorsque les requins-tigres sont absents, non seulement l'écosystème se désagrège, mais ces herbivores restent trop sur zone et rendent impossible toute récupération de la flore. Autrement dit, les requins protègent les prairies sous-marines ! C'est une évidence, ils sont utiles voire indispensables dans leur rôle de prédateur. La survie de leur écosystème, c'est la survie de notre écosystème ! Voici une autre explication de l'utilité des squales par Trisha Atwood (laboratoire d'écologie aquatique de l'Université d'État de l'Utah) : « Dans les endroits où les tortues marines sont protégées mais où les populations de requins s'effondrent, comme aux Antilles et en Indonésie, ces dernières se sont mises à trop manger les herbes marines tempérées au lieu des herbes marines tropicales.». Trisha Atwood toujours : « Ces deux dernières décennies, on se rend compte que les herbiers marins font en réalité partie de nos meilleures réserves de carbone sur Terre. Ils sont capables d'absorber le carbone plus vite que n'importe quelle forêt terrestre.». Tout est dit.

VITESSE

Si les torpilles des sous-marins sont aussi bien profilées et rapides, on le doit sûrement à une famille de squales. Avec une vitesse maximum de 35 nœuds (environ 65 km/h), le mako est le requin le plus rapide au monde ! Pour expliquer ses accélérations fulgurantes, il faut savoir que cette espèce de requin est à sang chaud. Il peut ainsi réguler sa température interne d'une dizaine de degrés au-dessus de celle de l'eau. Ainsi chauffés, ses muscles produisent une puissance phénoménale. Ce véritable bolide des mers mesure 4 m pour 160 kg, bien que certains individus dépassent les 500 kg. Il est de couleur bleu nuit sur le dos, avec un ventre blanchâtre, ce qui lui permet de se fondre entre la surface de l'eau et 1400 m de profondeur. On le trouve dans les eaux tropicales et tempérées du monde entier. Pour que l'eau traverse ses branchies, il doit nager en permanence. Selon *National Geographic*, il peut parcourir jusqu'à 18 000 km en un an ! Chaque partie de son corps est taillée pour la vitesse : un museau en forme de torpille, de larges nageoires pectorales pour la portance et des nageoires caudales triangulaires pour la poussée. Sa vitesse lui permet de chasser des proies aussi rapides que le thon et l'espadon. Ce requin est également connu pour la beauté de ses bonds hors de l'eau allant jusqu'à 9 m de hauteur. Pour en revenir aux torpilles, saviez-vous que l'un des missiles les plus connus, l'exocet, tient son nom d'un poisson-volant ?

If submarine torpedoes are extremely streamline and incredibly fast, one may owe their design to a particular family of sharks. Capable of reaching speeds of up to 35 knots (65 km/h), the mako is the fastest shark in the world! Warm-blooded mako sharks are known to maintain their internal body temperature at around 10 degrees above the temperature of the water. This enables them to warm their muscles and thus produce the necessary power to accelerate rapidly. A Formula 1 sea creature, the mako measures four metres in length and approximately 160 kilograms, although some individuals exceed 500 kilograms. Midnight blue with a whitish belly, the mako shark blends into its natural surroundings, living between the surface of the water and 1400 metres below, and can be found in tropical and warm temperate ocean waters around the globe. In order to breathe through its gills, this particular species of shark must swim constantly. According to *National Geographic*, mako sharks can travel up to 18,000 kilometres in a year! Each part of their body is designed for speed (enabling them to hunt fast-swimming prey such as tuna or swordfish): a torpedo-shaped snout, wide pectoral fins for lift and triangular caudal fins for thrust. Renowned for their speed, mako sharks are also known to leap up to nine metres above the water. Referring back to torpedoes, did you know that one of the most well-known missiles, the Exocet missile, takes its name from a flying fish?

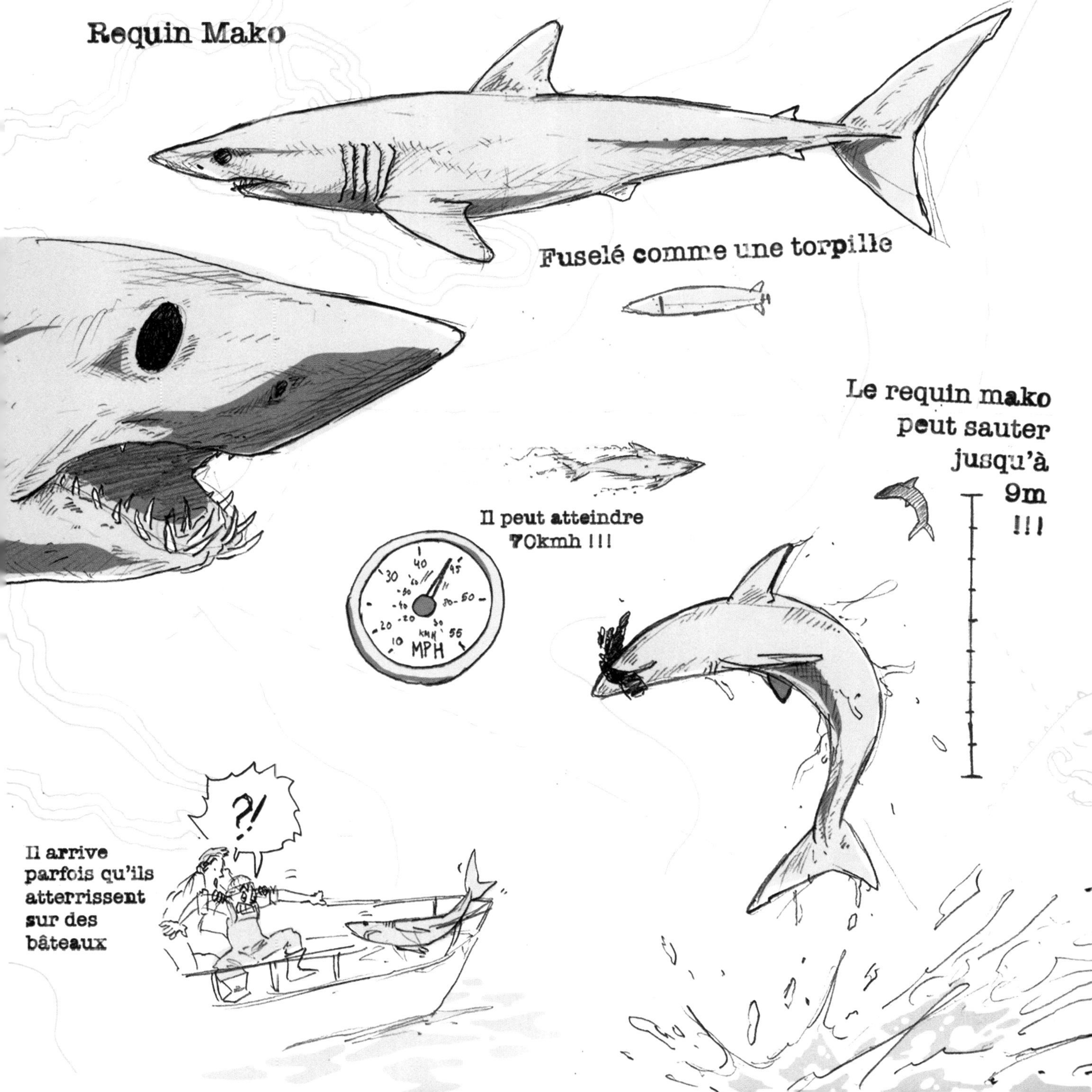

Requin Mako
Fuselé comme une torpille
Le requin mako peut sauter jusqu'à 9m !!!
Il peut atteindre 70kmh !!!
MPH
KMH
?!
Il arrive parfois qu'ils atterrissent sur des bâteaux

A turning point.

South Africa is world famous for its wildlife reserves. Those of you who have visited the Kruger National Park will know what I'm talking about! But may I suggest we move from wildlife parks to water parks? Cape Town is a biodiversity hotspot for cartilaginous fish (sharks and rays), boasting 191 species out of more than 500 known species. Here, scientists and the authorities collaborate to find effective ways to protect these ocean predators. Together they created a national plan of action for the conservation and management of South African sharks. Popular conservation methods include the establishment of marine protected areas (42 to date). In just a few decades, the public have gone from fearing to loving their sharks! Education however, remains the obvious answer to creating a positive and sustainable image. The Save Our Seas Foundation Shark Education Centre in Cape Town, established in 2008, aims to raise awareness via its educational programmes on sharks and marine ecosystems. Believing in the power of experiential education to shape future generations of environmentalists and leaving the classroom to learn how to protect schools of sharks, it is a true school of life!

Il est temps de passer un cap.

L'Afrique du Sud est mondialement connue pour la richesse de ses réserves animalières. Celles et ceux qui ont eu la chance d'aller au Kruger National Park savent de quoi je parle. Et bien au pays du vuvuzela, on vous propose de passer des parcs animaliers aux parcs aquatiques ! Le Cap est un hot spot de la biodiversité pour les poissons cartilagineux (requins et raies) comptant 191 espèces recensées (sur les 500 les plus connues). Il est à noter qu'un certain nombre sont endémiques. Les scientifiques, ainsi que les autorités locales et nationales, ont travaillé pour trouver des moyens efficaces de protéger ces prédateurs. Ils ont créé ensemble un plan d'action national pour la conservation et la gestion des requins d'Afrique du Sud. C'est un outil de conservation populaire comme l'implantation d'aires marines protégées (42 à ce jour). En quelques décennies, la population est passée de la peur des requins à l'amour et à la fierté d'en avoir dans leurs eaux. Si l'on veut que le requin ait la chance d'avoir une image positive et durable auprès des populations, cela doit commencer par l'éducation. C'est ce que propose le Save Our Seas Foundation Shark Education Centre, à Cape Town. Créé en 2008, son but est de connecter le public à l'océan à travers des programmes d'éducation sur les requins et sur l'écosystème marin local. Croire au pouvoir de l'éducation expérientielle, façonner les générations futures afin qu'elles deviennent des écologistes efficaces, mais aussi quitter les bancs de l'école pour apprendre à protéger les bancs de requins : quelle école de vie !

XXL

Si vous avez eu la chance de croiser un requin-baleine lors d'une plongée, vous devez à coup sûr vous en souvenir ! C'était comme voir passer un autobus de 18 m. Mais un autobus de 20 T se déplaçant à 5 km/h… Le requin-baleine, de la famille des *Rhincodontidae*, est considéré comme le plus grand poisson vivant de nos jours dans les océans. Pouvant vivre jusqu'à 100 ans et plus, ce requin a une morphologie particulière : sa tête est très large et plate avec les yeux sur les côtés. Sa gueule est immense et mesure jusqu'à 2 m de large ce qui lui permet de filtrer 600 000 litres d'eau par heure. Il peut posséder jusqu'à 3 000 minuscules dents. Le régime alimentaire du requin-baleine, en dépit de sa grande taille, n'est composé que de petites prises : plancton, krill, algues, crustacés, mollusques, calamars, anchois… Il aime tout ce qui petit ! Pour se nourrir, il nage la gueule ouverte (ou se met en position verticale) en pompant avec sa gueule, afin d'aspirer ses proies. Ce squale est facilement reconnaissable avec son dos foncé parsemé de points blancs disposés en damier, tandis que sa peau est blanche sur le ventre. Le motif est unique d'un requin à l'autre tandis que sa peau est la plus épaisse du règne animal (jusqu'à 15 cm). On retrouve ce squale généralement dans les eaux tropicales et tempérées de l'Atlantique, du Pacifique et de l'océan Indien. Malgré ses dimensions et son allure, le requin-baleine est totalement inoffensif et ne montre aucune agressivité vis-à-vis de l'homme. Enfin, avec des portées jusqu'à 300 bébés, espérons que ce grand pacifiste continuera à enchanter des générations de plongeurs.

If you've ever had the chance to see a whale shark whilst on a dive, you're sure to remember it. It's a bit like watching an 18-metre-long bus go by! A member of the *Rhincodontidae* family, the whale shark is the largest known extant fish species, with a life-span of up to 100 years. It boasts a very big, flat head with eyes on each side. Its huge mouth, measuring up to two metres wide and capable of filtering 600,000 litres of water per hour, is home to 3,000 tiny teeth. Despite their size, they simply love anything little: plankton, krill, algae, shellfish, squid, anchovies. A whale shark sucks up its prey, swimming along (or in a vertical position) with its mouth wide open. This species boasts the thickest skin in the animal kingdom, up to 15 centimetres thick, and is easily recognisable by its dark spotted back (white spots in a checkerboard pattern, unique to each shark) and a white underside. Despite its size and appearance, the whale shark shows no aggression towards humans. With litters of up to 300 pups, one hopes that this friendly giant, generally found in tropical and temperate waters of the Atlantic, Pacific and Indian oceans, will continue to enchant generations of divers.

ATTENDEZ-MOI!
BUS STOP

AAAAH !!! PAPA ! JE VOIS TOUT BLANC, QU'EST-CE QUI M'ARRIVE !?
ENFIN GREGOR, JE T'AI DIT DE RETIRER TA MEMBRANE NICTITANTE QUAND CE N'EST PAS NÉCESSAIRE !

For your eyes only.

No need for an eye specialist! Day or night, when eating or hunting, sharks take great care of their eyes. Similar to the eyes of most vertebrates, although relatively small in proportion to their head, their size and shape depend on where they live. Some sharks use other senses more than vision and therefore have much smaller eyes. Sharks can see well at night and in murky waters. To reduce the risk of injury when hunting, certain sharks, such as the great white, roll their eyes backwards, making themselves "blind" for a short period of time. Other species possess a nictitating membrane – a protective inner eyelid. Whilst some sharks can differentiate between simple images such as vertical or horizontal stripes, others, hammerhead sharks for example, boast superior binocular vision. Their eyes, located at the end of a cephalofoil – a hammer-shaped head – offer them a full 360° view of the world!

For your eyes only.

Le requin n'a pas besoin d'aller voir un ophtalmologue ! De jour comme de nuit, quand il mange ou quand il chasse, le squale sait prendre soin de ses beaux yeux… L'œil du requin est assez proche de l'œil standard des vertébrés ; mais la taille et la forme dépendent du milieu dans lequel il évolue. Certains requins utilisent davantage d'autres sens que la vision et ont donc des yeux beaucoup plus petits. Sachez qu'il voit très bien de nuit et en eau trouble. Pour réduire les risques de blessures lors des phases d'attaque, certains requins comme le Grand Blanc convulsent leurs yeux en arrière ; le requin est donc « aveugle » pendant un court instant. En revanche, d'autres squales possèdent une membrane (nictitante) qui protège l'œil en le recouvrant complètement, comme une troisième paupière ! Alors que certains requins peuvent différencier des images simples telles que des rayures verticales ou horizontales, d'autres comme les requins-marteaux, ont une vision binoculaire supérieure. Leurs yeux situés à l'extrémité de leur céphalofoil - une tête en forme de marteau - lui offrent une vue à 360° sur le monde !

ZÉRO

D'après une étude de Euronews sortie en 2017, vous avez 1 chance sur 960 000 d'être touché par la foudre, 1 chance sur 1 600 000 d'être écrasé par un astéroïde et 1 chance sur 3 700 000 d'être tué… par un requin. Que ce soient en Afrique du Sud, en Australie ou en Floride, les incidents avec les requins font souvent les gros titres. Mais qu'en est-il vraiment ? D'après le Florida Museum of Natural History, il y a eu 137 interactions présumées requin-homme dans le monde en 2021. La FIAS (Fichier International d'Attaques de Requins) a confirmé 73 morsures de requins « non provoquées » sur des humains et 39 morsures « provoquées ». Au final, les morsures mortelles sont de 9 en 2021, 10 en 2020, 2 en 2019… L'Université de Floride a étudié « qu'en restant sur les bords de mer, il y a 1 chance sur 290 de mourir dans un accident de bateau et surtout 1 sur 132 de se noyer ». La nature de l'activité pratiquée est également à prendre en compte car les plongeurs sont moins concernés que les surfeurs. Lorsqu'un requin mord un surfeur, c'est la plupart du temps par accident, soit par pure curiosité, soit il l'aura confondu avec une proie poten-tielle comme une otarie. Le plus souvent, il ne « s'acharnera » pas dessus et fera demi-tour. À noter que les trois espèces de squales principales concernées par des incidents sont le Grand Blanc, le requin-tigre et le requin-bouledogue. Le danger ne sera pas forcément lié à une morsure : comme la peau du requin est extrêmement rugueuse, un simple frôlement des ailerons ou de la queue peut engendrer de sérieuses blessures.

According to a study conducted by Euronews, released in 2017, one has a 1 in 960,000 chance of being hit by lightning, a 1 in 1,600,000 chance of being crushed by an asteroid and a 1 in 3,700,000 chance of being killed by... a shark! Shark incidents often make the headlines in South Africa, Australia and Florida, but how do matters truly stand? According to the Natural History Museum in Florida, in 2021 there were 137 suspected negative shark/human interactions worldwide. The ISAF (International Shark Attack File) confirmed 73 unprovoked shark bites on humans and 39 incidents due to provocation. Ultimately, the number of fatal incidents amounted to 9 in 2021, 10 in 2020 and 2 in 2019. Three species are the principal culprits: the great white, the tiger shark and the bull shark. The nature of activities must also be taken into account. Divers, for example, are less affected than surfers. When a shark bites a surfer it is often by accident, sheer curiosity or having mistaken the surfer for potential prey. More often than not, the shark doesn't persist and simply swims away. A simple brushing of the fins or tail can cause injuries too but, according to the University of Florida, there is a greater chance of injury along the shoreline than injury caused by a shark, with a 1 in 290 chance of dying in a boat accident and a 1 in 132 chance of drowning!

LOTO

CONCLUSION

Et maintenant on fait quoi ?

Après avoir parcouru cet abécédaire sur les requins et les raies, on comprend mieux maintenant pourquoi il est important de les protéger. Voici quelques exemples simples de ce que l'on peut faire.

Utilisons le pouvoir de notre assiette : choisissons des produits de la mer certifiés, pêchés ou élevés de manière durable. La surpêche étant le fléau numéro 1, nous pouvons choisir notre consommation de produits de la mer selon des critères écoresponsables, en favorisant des méthodes de pêche durables et respectueuses des espèces. Appuyons-nous sur les labels certifiés qui valident des méthodes de pêche durables. Optons pour les produits d'élevage locaux et bio, choisissons les espèces qui ne sont pas menacées ou qui se reproduisent rapidement, informons-nous.

Limitons la pollution plastique : changeons nos habitudes quotidiennes: évitons d'utiliser du plastique à usage unique, refusons-le quand on peut, réutilisons ce que l'on a et recyclons les matériaux qui peuvent l'être. En Europe, l'emballage représente 60% des déchets plastiques produits. Nous sommes donc concernés en première ligne. Près de 10 millions de tonnes de plastique sont déversées chaque année dans nos mers et nos océans ; le plastique se dégrade sous forme de microplastiques qui sont présents à tous les niveaux de la chaîne alimentaire des espèces sous-marines qui l'ingèrent.

Évitons les produits à base de requins : bijoux, vitamines, nourriture… En ne cautionnant pas ce type de consommation, nous favorisons l'idée qu'un requin vivant a plus de valeur qu'un requin mort.

Favorisons le tourisme écoresponsable : allons voir les requins baleines en choisissant des tour-opérateurs responsables ; cela favorise un secteur économique en plein essor. Dans plusieurs endroits du monde (Mexique, Costa Rica, Maldives, Afrique du Sud, Palaos en Micronésie), d'anciennes zones de pêches ont été élues Zones Marines Protégées afin de limiter ou contrôler les extractions de poissons ; ainsi, dans certains cas, d'anciens pêcheurs, devenus guides touristiques, accompagnent leurs clients à découvrir la faune marine charismatique. Pratiqué selon des méthodes respectueuses de la vie sauvage, l'écotourisme plaide en faveur de ces refuges tout en leur apportant un soutien financier. Bien souvent, une partie des revenus est redistribuée à la recherche scientifique ou à la gestion de ces zones protégées. La façon dont les requins sont traités dépend de la façon dont nous dépensons notre argent.

Passons-nous le mot : nous sommes les meilleurs alliés des requins, partageons nos nouvelles connaissances avec nos amis et notre famille, changeons la perception erronée dont souffrent ces créatures marines.

Ensemble, nous ferons la différence !
Telle est la certitude de la Fondation Save Our Seas.

CONCLUSION

And now what?

After reading this illustrated ABC book on sharks and rays, one now understands why it is important to protect them. Here are some simple examples of what we can do.

Use the power of our plate by choosing certified seafood, fished or farmed in a sustainable manner. Overfishing is the number one problem. Choose seafood according to eco-responsible criteria by favouring sustainable and species-friendly fishing methods (promoted by certified labels). Opt for local and organically farmed produce and choose species that are not endangered or that reproduce regularly. Remember to stay informed!

Limit plastic pollution by changing our daily habits. Avoid using single-use plastic and refuse when possible. Reuse what you have and recycle regularly. In Europe, where packaging accounts for 60% of the plastic waste produced, we are on the front line. Nearly 10 million tonnes of plastic are dumped into our seas and oceans every year. Plastic degrades in the form of micro plastics, present in the food chain of the underwater species that ingest it.

Avoid shark products such as jewellery, vitamins and food produce. This attitude favours the idea that a living shark is more valuable than a dead shark.

Promote eco-responsible tourism by choosing an eco-friendly tour operator for your whale shark spotting trip and thus supporting a booming economic sector. In several parts of the world (Mexico, Costa Rica, Maldives, South Africa and Palau in Micronesia), former fishing zones have become designated Marine Protected Areas in order to limit or control fishing. In some cases, former fishermen, now tour guides, accompany visitors to discover the charismatic marine wildlife. Practiced in a wildlife-friendly manner, ecotourism promotes these areas whilst providing them with financial support. Very often, a percentage of the income is redistributed for scientific research or for the general management of these protected zones. How sharks are treated depends on how we spend our money.

Spread the word that we are a shark's best ally! Share your new knowledge with friends and family to help change the misperception from which these sea creatures suffer.

Together, we can and will make a difference…
An absolute certainty for the Save Our Seas Foundation!

Auteur et éditeur, Xavier Casile
Version anglaise, Clare Correia, Mary Ducan
Direction artistique, Richard Martinez
Fondation Save our Seas, Sandrine Griffiths, Aurélie Grospiron et James Lea

26 illustrations originales Save Our Sharks

9 diplômés de l'ESBDI (École supérieure de bande dessinée et d'illustration de Genève) et Cédric Marendaz :
lydiamathez@gmail.com (sujets G, M, P), dylan.iacovelli@gmail.com (sujets I, O), cass.tornay@gmail.com (sujets A, E), reb_traunig@hotmail.com (pages de garde et sujets N, W, X), cedric@marendaz.com (sujets J, K, S), magne.victordg@gmail.com (sujet Z), Ozkul_Melisa@hotmail.ch (sujets D, L, R, U), irvin@hispeed.ch (sujets C, H, Q, Y), goncalo_1205@hotmail.com (sujet B), jeremmarg@hotmail.com (sujets F, T, V).

Crédits photos : p. 2-4-8 : Matthew During @lostnomadfound, p. 3 : Dan Beecham,
p. 7 : James Lea / Save our Seas Foundation

Juin 2022 - Imprimé par Flex Print Ink - ISBN : 978-2-9701404-7-4